사진출처

문화재청_ **41p** / 대동여지도

통합교과 시리즈 참 잘했어요 사회 ❼
알면 보물 모르면 고물, 지도
ⓒ 글 양대승, 2014

1판 1쇄 발행 2014년 9월 30일 | **1판 3쇄 발행** 2024년 2월 20일
글 양대승 | **그림** 장효원 | **감수** 초등교사모임
펴낸이 권준구 | **펴낸곳** (주)지학사
본부장 황홍규 | **편집장** 김지영 | **편집** 박보영 이지연 | **디자인** 이혜진 이혜리
마케팅 송성만 손정빈 윤술옥 박주현 | **제작** 김현정 이진형 강석준 오지형
등록 2010년 1월 29일(제313-2010-24호) | **주소** 서울시 마포구 신촌로6길 5
전화 02.330.5263 | **팩스** 02.3141.4488 | **이메일** arbolbooks@naver.com
ISBN 979-11-85786-16-2 74300
ISBN 978-89-94700-68-7 74300(세트)
잘못된 책은 구입하신 곳에서 바꿔 드립니다.

   제조국 대한민국   **사용연령** 8세 이상
KC마크는 이 제품이 공통안전기준에 적합하였음을 의미합니다.

 지학사아르볼   아르볼은 '나무'를 뜻하는 스페인어. 어린이들의 마음에 담긴 씨앗을 알찬 열매로 맺게 하는 나무가 되겠습니다.
홈페이지 www.jihak.co.kr/arb/book | **포스트** post.naver.com/arbolbooks

참 잘했어요 사회

알면 보물
모르면 고물
지도

글 **양대승** | 그림 **장효원** | 감수 **초등교사모임**

지학사아르볼

펴냄 글

사회는 왜 어려울까?

1. 역사·경제·지리·문화·정치 등 공부해야 할 범위가 넓다.
2. 책이나 교과서를 볼 땐 이해할 것 같다가도 돌아서면 헷갈린다.
3. 사회 교과를 공부하기 위해 꼭 알아야 할 단어가 너무 어렵다.
4. 사회 공부 책은 글만 빽빽이 많아서 지루하다.

사회 공부, 쉽게 하려면 통합교과 시리즈를 펼치자!

통합교과란?
- 서로 다른 교과를 주제나 활동 중심으로 엮은 새로운 개념의 교과
- 하나의 주제를 **개념·역사·경제·사회·과학·수학·인물** 등 다양한 교과 영역에서 접근해 정보 전달 효과를 높임
- 문·이과 통합 교육 과정에 안성맞춤

이런 학생들에게 통합교과 시리즈를 **추천**합니다!

사회 교과를 처음 배우는 초등학교 **3학년**
사회가 지겹고 어렵게 느껴지는 **4학년**

통합교과 시리즈

개념 — 개념을 알아야 주제가 보인다! 개념 완벽 정리

역사 — 동화·만화·인터뷰 등 재미있게 풀어낸 이야기를 읽다 보면 역사 지식이 머릿속에 쏙!

수학 — 스토리텔링 수학! 일상생활 속에서 수학적 사고력을 기른다!

체험 — 글로만 배우는 사회는 그만! 체험을 통해 책에서 얻은 지식을 진짜 내 것으로 만들자!

사회 — 정치·경제·지리 등 사회 과목을 세부적으로 파고들어 주제에 대한 이해를 높인다!

인물 — 한 분야를 대표하는 위대한 인물의 리더십과 창의력을 배운다!

차례

1. 풍경화는 지도가 될 수 없다?! _10p
개념 지도란 무엇일까?

- 14 지도란 무엇일까? – 지도의 뜻
- 16 지도에도 원칙이 있다! – 지도의 원칙
- 20 지도라고 다 같은 지도가 아니야! – 지도의 종류
- 22 지도는 이런 일을 해! – 지도의 역할
- 26 첨단 과학을 만난 지도

2. 옛날 지도는 어떻게 생겼을까? _28p
역사 지도의 역사

- 32 옛날 지도는 어떤 모습일까?
- 34 점토판 위의 지도, 고대 바빌로니아 지도
- 36 유럽의 옛 지도
- 38 우리나라의 옛 지도
- 44 옛 지도 속의 독도를 찾아라!

3. 지도 발전에 도움을 준 영광의 인물들 _46p
인물 프톨레마이오스 외

- 50 서양 지도의 아버지 프톨레마이오스
- 52 아메리카 대륙을 발견한 콜럼버스
- 56 세계 지도의 기준을 만든 메르카토르
- 58 조선 최고의 지리학자 김정호
- 64 한반도가 그려진 세계 지도를 만든 외국인 – 마테오 리치

4. 지도는 나라의 보물이다?! _66p
사회 지도의 다양한 역할

- 70   지도가 가져다준 엄청난 이익 – 지도와 경제
- 72   나라를 다스리는 데 중요한 역할을 한 지도 – 지도와 군사·행정
- 74   다른 나라를 빼앗는 데 이용되었던 지도 – 지도와 침략
- 76   지도는 세계를 이해하는 사람들의 생각을 담고 있다 – 지도와 세계관
- 80   거꾸로 뒤집어진 세계 지도

5. 보물 지도에 숨어 있는 암호를 풀어라! _82p
수학 좌표와 거리 계산

- 86   정확한 위치를 찾아라! – 위도와 경도
- 88   지도를 보고 실제 거리를 알아내라! – 축척
- 90   동쪽? 서쪽? 방향을 찾아라! – 방위
- 92   그곳이 얼마나 높은지 알아내라! – 등고선
- 96   선 하나만 넘어가면 순식간에 어제로!

6. 지도의 모든 것이 이곳에! _98p
체험 지도 박물관

- 102   지도 박물관의 첫 전시관, 커다란 지구본이 있는 중앙홀
- 104   옛날 지도 보며 역사를 배우자! 역사관
- 106   현대의 지도는 어떻게 만들까? 현대관
- 108   박물관 밖에도 전시관이?! 야외 전시장
- 112   옛날 지도가 한가득, 경희대학교 혜정 박물관

- 114   **워크북**

등장인물

현우
초등학교 3학년 아이. 어린아이답지 않게 시큰둥하고 자기가 다 컸다고 생각한다.

삼촌
보물을 찾아 모험하는 탐험가를 꿈꾸는 사람. 하지만 하루 종일 방에 앉아서 지도와 책만 보고 있다. 사실은 지도를 연구하는 연구자이다.

1 풍경화는 지도가 될 수 없다?!

개념 지도란 무엇일까?

보물을 찾으러 출발!

내가 집에 왔을 때, 삼촌은 길게 하품을 하면서 방에서 나왔어요.
"삼촌 회사에서 쫓겨났어요? 왜 갑자기 회사에 안 가요?"
삼촌은 어느 날부터 회사에 가지 않았어요. 직장을 그만둔 건 아닌지 걱정이 됐지요.
"난 이제 탐험가야! 보물을 찾으러 모험을 떠날 거야!"
맙소사! 탐험가라니? 삼촌은 엉뚱한 소리를 했어요. 게다가 하루 종일 방 안에만 있으면서 무슨 탐험가라고…….
"드디어 삼촌이 보물 지도의 암호를 거의 풀었다. 이제 보물은 내 거야! 과연 어떤 보물이 숨겨져 있을까? 너도 궁금하지? 삼촌이 보물을 찾으면 너에게도 조금 나눠 줄게! 그러니 삼촌을 좀 도와주렴!"
"뭘 도와줘요?"
"삼촌이 보물 지도를 봐야 하는데 배가 고프네. 너 얼마 전에 용돈 받았지? 그걸로 우리 자장면 시켜 먹자!"
그럴 줄 알았어요. 삼촌은 틈만 나면 내 용돈을 탐낸다니까요. 조카에

게 맛있는 걸 사 줄 생각은 않고, 자장면을 사 달라니요? 어휴!

"이것 봐! 이게 바로 보물 지도야!"

삼촌이 종이 한 장을 자랑스럽게 보여 주었어요.

"이게 보물 지도라고요?"

나는 피식 웃었지요.

"이 지도가 뭐가 어때서?"

"에이, 말도 안 돼요. 무슨 지도가 이렇게 허술해요. 별로 자세한 것 같지도 않고. 이걸로 보물을 어떻게 찾아요?"

"내 말을 믿지 못한단 말이야? 네가 지도를 잘 모르는구나. 흠, 지도가 무엇인지부터 알려 줘야겠군."

삼촌은 나를 삼촌 방으로 데리고 갔어요. 방에 들어가자 퀴퀴한 냄새가 코를 찔렀어요. 방 안에는 온갖 것들이 널려 있어서 발 디딜 틈도 없었지요. 그중 가장 많은 것은 지도들이었어요.

지도란 무엇일까? – 지도의 뜻

　지도는 '땅 지(地)'와 '그림 도(圖)'가 합쳐진 말이에요. 그러니까 지도는 땅을 그린 그림이라고 할 수 있지요.
　하지만 땅을 그린 그림이라고 해서 다 지도는 아니에요. 지도의 정확한 뜻은 '약속한 기호를 사용하여 지구 표면의 일부나 전부를 일정한 비율로 줄여 평면에 나타낸 것'을 말하지요.

〈풍경화〉

〈그림 지도〉

왼쪽 페이지 아래의 마을 풍경화와 마을 그림 지도를 비교해 보세요. 무엇이 다른지 적다 보면, 풍경화는 왜 지도가 될 수 없는지와 지도의 특징이 무엇인지를 알 수 있을 거예요.

<풍경화와 지도의 차이>

풍경화
- 마을의 모습을 실제 보이는 대로 보여 줘요.
- 가까이 있는 것은 크게, 멀리 있는 것은 작게 그려져 있어요.
- 건물 뒤에 무엇이 있는지 보이지 않아요.

그림 지도
- 마을의 모습이 있는 그대로 그려진 것이 아니라 간단한 그림 기호를 이용해 그려져 있어요.
- 멀리 있는 집이나 길이 작게 그려진 것이 아니라 가까이 있는 것과 똑같은 크기로 그려져 있어요.
- 어디에 무엇이 있는지 한눈에 알 수 있어요.

지도에도 원칙이 있다! – 지도의 원칙

지도에는 몇 가지 원칙이 있어요. 어떤 것들이 있는지 살펴볼까요?

1. 지도는 줄여서 그린다.

지도는 실제 크기 그대로 그릴 수 없어요. 만약 지도를 실제 크기대로 그린다면 우리 동네를 그리기 위해서 우리 동네만큼 커다란 종이가 있어야 할 거예요. 그렇게 커다란 종이를 구하기 힘들 뿐 아니라 설사 지도를 실제와 같은 크기대로 그린다고 해도 너무 커서 한눈에 볼 수도 없지요.

지도는 실제보다 작게 줄여서 그려야 해요. 그렇다고 아무렇게나 줄여 그려서는 안 돼요. 어떤 곳은 조금만 줄이고, 어떤 곳은 엄청 많이 줄여서 제멋대로 그려 놓으면 지도를 봐도 실제 모습을 알 수 없겠지요.

지도는 모두 일정한 비율로 똑같이 줄여야 한답니다. 그래야 지도를 보고 거리나 넓이 등을 정확하게 알 수 있어요.

2. 지리 정보를 담고 있어야 한다.

땅의 모양을 그린 그림이라고 해서 무조건 지도가 아니에요. 지도는 땅 위에 있는 길, 건물, 강, 산 등 여러 가지 지리 정보를 담고 있어야 해요.

지리 정보란 산·강·계곡 같은 땅의 모양(지형), 학교·집 같은 땅 위에 있는 것들, 과수원·밭 같은 땅을 이용하고 있는 용도 등을 말해요.

3. 지도는 방향을 알려 준다.

풍경화를 보고는 방향을 제대로 알 수 없지요. 하지만 지도를 보면 어느 방향으로 가야 하는지 알 수 있어요. 지도에는 방향이 표시되어 있거든요. 이를 방위라고 하는데, 방위는 동서남북의 방향을 말하지요.

만약 지도에 특별한 방위 표시가 없으면 지도의 위쪽은 북쪽, 아래쪽은 남쪽, 오른쪽은 동쪽, 왼쪽은 서쪽을 나타낸다고 생각하면 된답니다. 방위에 대한 자세한 내용은 5단원(90쪽)에서 알려 줄게요.

4. 기호로 나타낸다.

　지도는 크기를 줄여서 그리기 때문에 산이며, 집, 학교 등을 간단한 모양으로 바꿔서 그려야 해요. 작은 종이에 건물, 다리, 산, 등을 실제 모양 그대로 그린다면 지도를 만들기 정말 어렵겠지요. 애써 지도를 만들어도 너무 복잡해서 사람들이 알아보기 힘들 거예요. 그래서 지도에는 간단하게 표시하는 기호들이 사용되어요. 기호들 덕분에 아주 조그맣게 그려도 어디에 무엇이 있는지 한눈에 쉽게 알 수 있지요. 지도에 쓰이는 기호들은 약속처럼 정해져 있어요.

지도에 쓰이는 기호들

지도라고 다 같은 지도가 아니야! – 지도의 종류

지도라고 해서 다 같은 지도가 아니에요. 지도에도 여러 종류가 있어요. 지도는 크게 일반도와 주제도로 나눌 수 있지요.

일반도

도시 지도, 우리나라 전도, 세계 지도 등 우리가 흔히 보는 일반적인 정보를 담고 있는 지도예요.

다양한 목적으로 사용할 수 있도록 산, 강, 도시, 도로, 철도, 논, 밭, 관광지 등 많은 정보를 담고 있지요.

우리나라 전도

주제도

일반도처럼 많은 내용을 다 담은 것이 아니라 특별한 주제만을 중심으로 그린 지도예요. 날씨, 역사, 하늘과 바다 등 여러 가지 주제가 있지요. 주제도에는 어떤 것이 있는지 살펴볼까요?

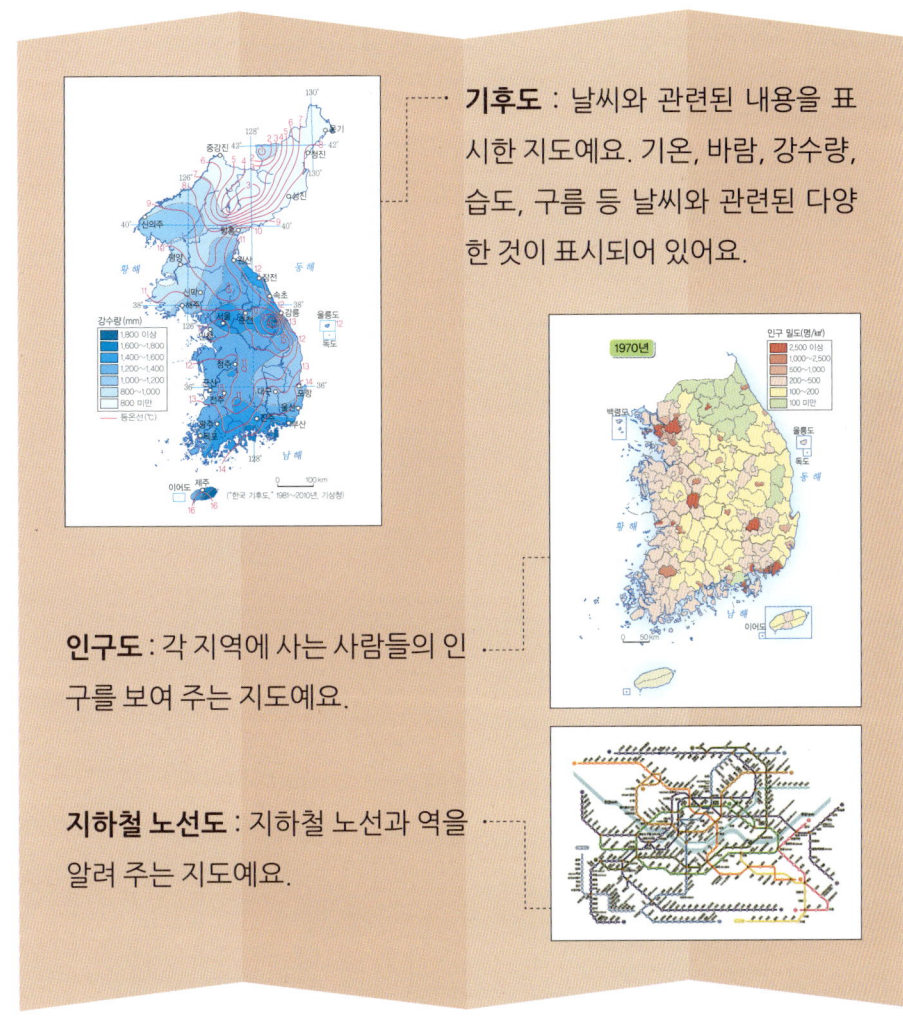

기후도: 날씨와 관련된 내용을 표시한 지도예요. 기온, 바람, 강수량, 습도, 구름 등 날씨와 관련된 다양한 것이 표시되어 있어요.

인구도: 각 지역에 사는 사람들의 인구를 보여 주는 지도예요.

지하철 노선도: 지하철 노선과 역을 알려 주는 지도예요.

 이 밖에도 문화재가 어디에 있는지 알려 주는 문화재 지도, 각 지역의 산업을 알려 주는 산업도, 군대에서 필요한 정보를 담은 군사도, 볼거리 등을 소개하는 관광 안내도 등 많은 주제도들이 있어요.

지도는 이런 일을 해! – 지도의 역할

일상생활에서 지도는 많은 역할을 해요. 어떠한 역할을 하는지 살펴볼까요?

1. 지도를 보고 원하는 곳을 찾아갈 수 있어요.

여행을 가거나 새로운 곳을 찾아갈 때 지도는 길을 알려 주지요.

2. 지도를 보면 먼 나라에 대해 알 수 있어요.

지도는 세계 여러 나라를 보여 줘서, 가 보지 않은 나라의 위치나 지형의 특징 등을 알 수 있어요.

3. 역사 공부를 하는 데도 지도가 필요해요.

지도를 보면서 옛날 우리나라 영토는 어땠는지, 옛 성은 어디에 있었는지 등을 알 수 있어요.

지도의 개념과 특징

지도란?

- '땅 지(地)'와 '그림 도(圖)'가 합쳐진 말
- 땅을 그린 그림
- 약속한 기호를 사용하여 지구 표면의 일부나 전부를 일정한 비율로 줄여 평면에 나타낸 것

지도의 원칙

1. 지도는 넓은 땅을 일정한 비율로 줄여서 그린다.
2. 지리 정보를 담고 있다.
3. 기호로 나타낸다.
4. 방향을 알려 준다.

지도의 종류

① 일반도

- 도시 지도, 우리나라 전도, 세계 지도 등 우리가 흔히 보는 일반적인 지도
- 다양한 목적으로 사용할 수 있도록 산, 강, 도시, 도로, 철도, 논, 밭, 관광지 등 많은 정보를 한 장의 지도에 담고 있음

② 주제도

- 특별한 주제만을 중심으로 그린 지도
- 날씨 관련한 내용을 표시한 기후도, 각 지역에 사는 인구를 한눈에 보여 주는 인구도, 지하철 노선과 역을 알려 주는 지하철 노선도 등이 있음

지도의 역할

1. 지도를 보고 원하는 곳에 찾아갈 수 있다.
2. 지도를 보면 먼 나라에 대해 알 수 있다.
3. 역사 공부를 하는 데도 지도가 필요하다.

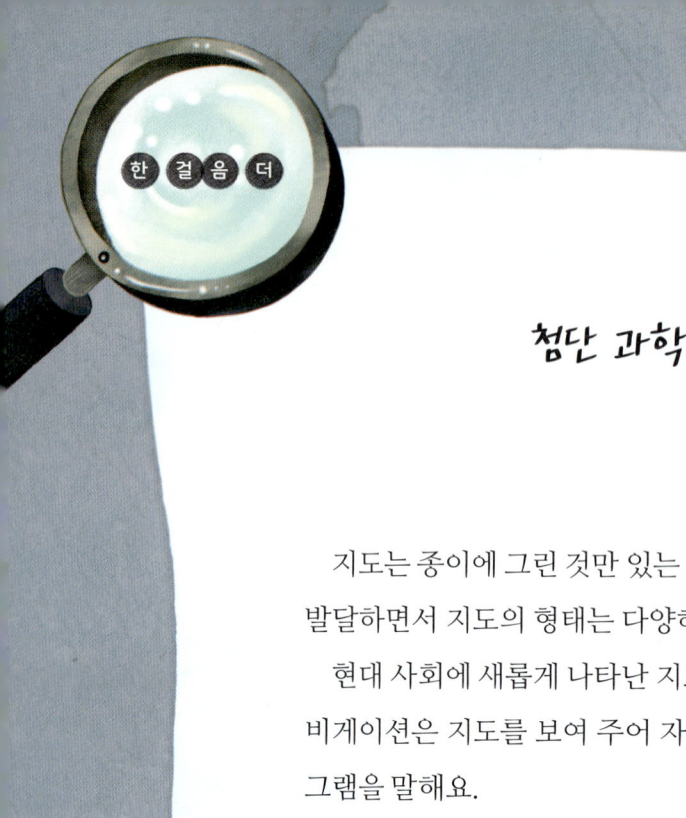

첨단 과학을 만난 지도

지도는 종이에 그린 것만 있는 것이 아니에요. 과학과 통신 기술이 발달하면서 지도의 형태는 다양해졌지요.

현대 사회에 새롭게 나타난 지도 중 하나는 내비게이션이에요. 내비게이션은 지도를 보여 주어 자동차 운전을 도와주는 장치나 프로그램을 말해요.

부모님과 함께 자동차를 타고 외출할 때 내비게이션이 길 안내를 해 주는 것을 본 적 있을 거예요.

내비게이션은 원하는 목적지까지 가장 빨리 갈 수 있는 길을 알려 줘요. 갈림길이 나오면 어느 쪽으로 가야 하는지, 속도를 줄여야 할 곳은 어딘지도 알려 주지요.

그런데 내비게이션은 어떻게 목적지로 가는 길을 찾을 수 있을까요? 또 자동차 위치를 어떻게 알고 길 안내를 할까요?

그건 지도가 첨단 기술을 만났기 때문에 가능해요. 내비게이션은 작은 컴퓨터예요. 그 안에 지도가 들어 있지요. 내비게이션 안에 있는 컴퓨터가 지도를 읽어 가장 빠른 길을 찾아내는 거예요.

또 내비게이션에는 인공위성에서 위치를 확인하는 장치가 들어 있어요. 이것을 'GPS(Global Positioning System, 위성 위치 확인 시스템)'라고 해요. 인공위성이 GPS를 통해서 자동차의 위치를 알아내지요.

스마트폰으로 길을 찾는 것도 같은 방식이에요. 스마트폰 안에 있는 컴퓨터가 지도를 읽고 GPS를 이용해서 내 위치를 알아내어 길을 알려 주는 거랍니다. 앞으로 과학 기술이 더 발달하면 지도는 더 똑똑해지겠지요?

2 옛날 지도는 어떻게 생겼을까?

역사 지도의 역사

이게 정말 지도야?

삼촌은 뒤죽박죽 정신없는 방에서 필요한 지도를 잘도 찾아냈어요. 삼촌의 설명을 들으면서 나는 깜짝 놀랐어요. 날마다 놀고 있는 지저분한 삼촌이 이렇게 지도에 대해서 잘 아는지 몰랐거든요. 삼촌이 다시 보였어요.

"와! 삼촌 대단해요!"

갑작스러운 내 칭찬에 삼촌은 쑥스러운 듯 머리를 긁적였어요. 그런데 그때, 삼촌 머리에서 내 손톱만큼 커다란 비듬이 떨어졌지요.

우엑! 삼촌에게 대단하다고 했던 말을 당장 취소하고 싶었어요. 대단한 건 삼촌이 아니라 삼촌의 비듬이에요. 사람 머리에 저렇게 큰 비듬이 있을 수 있다니…….

'이 정도는 어른이라면 누구나 알고 있는 거 아닐까? 맞아. 어른이라면 당연히 아는 거야. 삼촌만 특별히 잘 아는 게 아니야.'

삼촌의 모습을 보자 이런 생각이 들었어요.

"이제 나의 보물 지도를 살펴볼까?"

삼촌은 보물 지도를 다시 꺼냈어요.

하지만 여전히 이 지도가 보물 지도인지 믿을 수 없었어요. 나는 삼촌을 못 미더운 표정으로 쳐다보았지요.

"삼촌은 이걸 정말 보물 지도라고 믿는 거예요? 지도는 이거보다 훨씬 자세하고 정밀하게 그려져야 하는 거 아니에요?"

나는 절로 한숨이 나왔어요.

"왜 이 지도가 어때서? 이 지도는 제법 괜찮은 지도라고."

"치, 무슨! 내가 보기엔 별로……."

나는 혀를 날름 내밀었어요.

"정말이야! 조카가 삼촌 말을 못 믿으면 어떡해?"

아마 삼촌도 삼촌 같은 삼촌이 있으면 믿지 않을 거예요.

"음, 그렇다면 옛날 지도들을 보여 주마. 최초의 지도부터 유럽, 우리나라의 몇 가지 지도들을 보면 내 지도가 제법 괜찮은 지도라는 걸 확실히 알 테니까."

옛날 지도는 어떤 모습일까?

지도는 언제부터 사용되었을까요? 지도는 수만 년 전부터 사용되었어요.

아주 먼 옛날, 사람들은 이곳저곳을 떠돌며 나무 열매를 따거나 동물을 사냥해서 먹고 살았어요. 그러다 어떤 사람이 맛있는 열매가 많은 곳을 발견했다면 어떻게 했을까요?

다른 사람을 데리고 그곳으로 가야겠지요. 하지만 직접 데리러 갈 수 없는 상황에서는 길을 알려 줘야 했을 거예요. 이때 말로 설명하려면 복잡했겠죠?

그래서 사람들은 길을 그림으로 표시하기 시작했답니다. 그때는 종이와 연필이 없었으니 손가락이나 나뭇가지로 길을 바위나 땅 위에 그렸지요. 커다란 바위나 특이하게 생긴 나무, 계곡 등을 기준으로 어디로 가야 하는지를 표시한 그림을 그리면서 지도가 생겨나기 시작한 거랍니다.

점토판 위의 지도, 고대 바빌로니아 지도

바빌로니아 세계 지도

최초의 세계 지도는 기원전 600년경에 만들어진 고대 바빌로니아 세계 지도예요. 바빌로니아는 유프라테스강 사이 지역으로서 지금의 이라크 지방을 말해요.

지도를 한번 살펴볼까요?

삼각형
바다 바깥으로 그려진 삼각형들은 바다 너머에 있는 신비의 대륙을 의미하지요.

두 개의 원
지도에는 크게 두 개의 원이 그려져 있어요. 안쪽의 원은 바빌로니아 땅을 의미하고 그 땅을 둘러싼 바깥 원은 바다를 나타내요.

육지의 중심
육지의 중심에는 수도인 바빌론이 있고 바빌론에는 대표적인 두 강, 유프라테스강과 티그리스강이 지나고 있어요.

당시 바빌로니아 사람들은 세계의 중심에는 바빌로니아의 수도인 바빌론이 있다고 생각했어요.

교통이 발달하지 못했던 당시에는 먼 곳으로 여행을 하는 것이 불가능했거든요. 그래서 자신들이 알고 있는 세계가 전부라고 생각한 거지요.

바빌로니아 세계 지도는 점토판 위에 그려진 것이에요. 점토판이 오래 보관하기 좋기 때문이지요.

바빌로니아에서는 점토판에 그려진 지도가 여러 개 발견되고 있어요. 그중에는 기원전 2300년경에 만들어진 점토판 지도도 있지요. 이 지도는 원과 직선으로 언덕과 강 등을 그렸답니다.

유럽의 옛 지도

기독교 세계관이 담긴 TO 지도

유럽의 중세 시대* 때는 기독교가 모든 것을 지배했어요. 기독교는 사람들의 생각, 문화, 정치 등 모든 것에 영향을 주었지요. 물론 지도도 예외가 아니었어요.

서양의 중세 시대를 대표하는 지도는 'TO 지도'예요. TO 지도는 실제 세계를 그린 지도라기보다는 당시 사람들의 기독교적인 세계관을 담은 그림이라 할 수 있답니다.

TO 지도의 중심에는 기독교의 성지*인 예루살렘이 위치해 있어요. 그리고 T자 모양을 중심으로 위쪽에 아시아, 오른쪽에 아프리카 왼쪽에 유럽의 세 대륙이 그려져 있지요.

TO 지도는 보통 지도와 달리 위쪽이 북쪽이 아니라 동쪽이에요. 그러다 보니 아시아가 위쪽에 그려져 있지요. 중세 서양 사람들은 아시아 대륙 끝에 에덴동산*이 있다고 믿었대요.

⭐ **중세 시대** 서양에서는 5세기부터 15세기 중엽의 시기를 가리킴
⭐ **성지** 특정 종교에서 신성하게 여기는 장소
⭐ **에덴동산** 성경에 나오는 지상 낙원

메르카토르 세계 지도

1400년대 후반 유럽에서는 후추와 같은 향신료와 금·은을 구하기 위해서 항해를 시작했어요.

새로운 땅이 발견되고 새로운 바닷길이 만들어지면서 유럽에서는 지도를 만드는 기술이 발전했고, 수많은 지도들이 만들어졌지요.

대표적인 지도가 '메르카토르 세계 지도'예요. 1569년, 네덜란드 지리학자 메르카토르에 의해 만들어진 메르카토르 세계 지도는 항해를 위한 지도였어요.

메르카토르 세계 지도는 둥근 공 모양의 지구를 펼쳐 평평한 종이에 그린 것이에요.

메르카토르의 지도 제작 방법은 지금도 세계 지도에 이용되고 있어요.

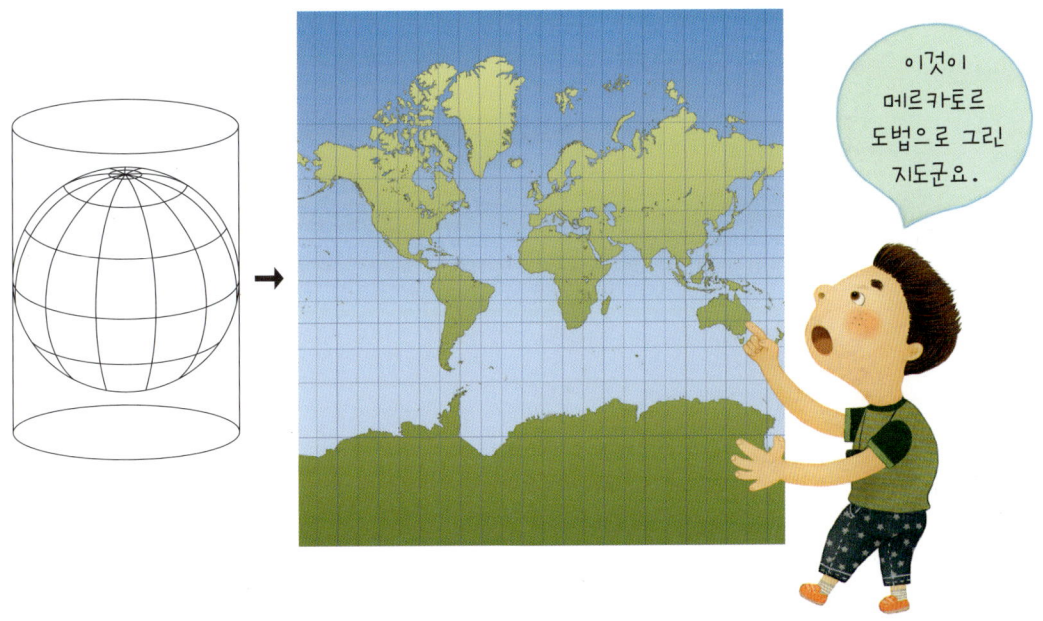

이것이 메르카토르 도법으로 그린 지도군요.

우리나라의 옛 지도

조선의 세계 지도 혼일강리역대국도지도

'혼일강리역대국도지도'는 조선 시대 초기인 1402년에 만들어진 세계 지도예요. 현재까지 동양에서 가장 오래된 세계 지도로 알려져 있지요. 이 지도를 보면 중국이 가운데 있고 동쪽으로 우리나라와 일본이 있어요. 서쪽으로는 아프리카, 유럽까지 그려져 있지요.

혼일강리역대국도지도는 중국과 우리나라를 지나치게 크게 그렸어요. 중국을 중앙에 실제보다 크게 그려 중국이 세계의 중심이라는 중화*적 세계관을 보여 주면서도, 우리나라를 거의 중국과 대등하게 표현하여 우리 민족에 대한 자신감을 나타냈다는 데 큰 의미가 있어요.

혼일강리역대국도지도 중에서 가장 눈에 띄는 것은 아프리카예요. 아프리카 대륙의 모습이 꽤 정확하게 그려져 있거든요. 당시 유럽 사람들은 아프리카 대륙이 어떤 모양인지도 몰랐어요. 유럽인들은 1488년에 아프리카 대륙 남쪽 끝에 있는 희망봉을 발견하고서야, 지도에 아프리카 대륙을 그려 넣을 수 있었답니다. 그런데 아프리카에서 멀리 떨어진 우리나라에서 그보다 훨씬 전에 아프리카의 모양을 거의 온전하게 그렸다는 점이 놀랍지요.

★ **중화** 세계 문명의 중심이라는 뜻으로, 중국 사람들이 자기 나라를 이르는 말. 주변국에서 중국을 대접하여 이르는 말로도 쓰인다

조선 시대 최고의 지도 대동여지도

'대동여지도'는 1861년 조선에서 만들어진 지도예요. 이 지도를 보면 당시의 지도 제작 기술이 얼마나 뛰어났는지 알 수 있지요.

대동여지도는 무척이나 크답니다. 세로 약 7미터나 되고, 가로로는 4미터나 된다니 놀랍지요?

그런데 대동여지도가 한 장의 지도가 아니라 22권의 책으로 되어 있다는 사실, 아나요? 대동여지도는 우리나라를 남북으로 22등분 하고 각 등분을 하나의 책으로 만들었어요. 그래서 이 책을 모두 펼쳐 연결하면 우리나라 전체 지도가 되지요.

더 놀라운 것은 이 지도가 그냥 종이에 그려진 것이 아니라 나무 판에 지도를 새기고 조각을 하여 종이에 찍었다는 것이에요. 나무에 새겨서 찍어 낼 수 있었기 때문에 여러 장을 쉽게 만들 수 있었지요.

대동여지도는 지금의 지도와 비교해도 손색이 없을 만큼 우리 땅을 정확하게 표현하고 있어요. 대동여지도에는 산맥과 하천을 중심으로 도시, 항구, 다리, 고개, 섬 등 1만 2천여 개나 되는 지명이 새겨져 있어요. 또한 군사, 경제 등 다양한 정보를 넣어서 훌륭한 지도로 평가받고 있지요.

그뿐만 아니라 10리(약 4킬로미터)마다 눈금을 찍어 놓아 정확한 거리까지 표시했다고 해요.

지도의 역사

먼 옛날 지도

- 지도는 수만 년 전부터 사용됨
- 손가락이나 나뭇가지로 바위나 땅 위에 길을 그리기 시작하면서 지도가 생겨남

바빌로니아 점토판 지도

최초의 세계 지도

- 기원전 600년경에 메소포타미아 지역의 바빌로니아에서 점토판에 그려진 세계 지도가 만들어짐
- 원, 삼각형 등으로 육지와 바다 등을 나타냄
- 당시 바빌로니아 사람들은 세계의 중심에는 바빌로니아의 수도인 바빌론이 있다고 생각함

유럽의 옛 지도

① 중세 시대 TO 지도

- 서양의 중세 시대를 대표하는 지도
- 실제 세계를 그린 지도라기보다는 기독교적인 세계관을 담은 지도
- 지도의 중심에 기독교의 성지인 예루살렘이 있음

② 메르카토르 세계 지도

- 1569년에 만들어진 항해를 위한 지도
- 둥근 지구의 모양을 펼쳐 만드는 메르카토르 지도 제작 방법은 지금도 세계 지도에 이용되고 있음

우리나라의 옛 지도

① 혼일강리역대국도지도

- 지금까지 남아 있는 가장 오래된 동양 세계 지도
- 중화적 세계관을 보여 주면서도 우리 민족의 자신감을 나타냄
- 아프리카의 모습이 거의 정확하게 그려져 있음

② 대동여지도

- 세로 7미터 가로 4미터의 크기
- 나무 판에 지도를 새기고 조각을 하여 종이에 찍어 냄
- 산맥, 하천, 군사, 경제 등 다양한 정보를 넣음

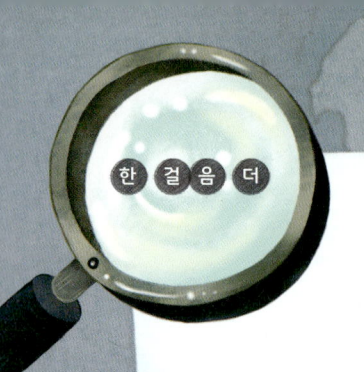

옛 지도 속의 독도를 찾아라!

"그 누가 아무리 자기네 땅이라고 우겨도 독도는 우리 땅!"
이 노래가 왜 만들어졌는지 알지요? 일본이 독도를 자기네 땅이라고 우기고 있기 때문이지요.
독도는 먼 옛날부터 우리나라 땅이었어요. 삼국 시대인 513년 신라 지증왕이 우산국을 차지했을 때부터의 일이지요. 우산국은 오늘날 울릉도와 독도예요. 고려 시대와 조선 시대에도 울릉도와 독도를

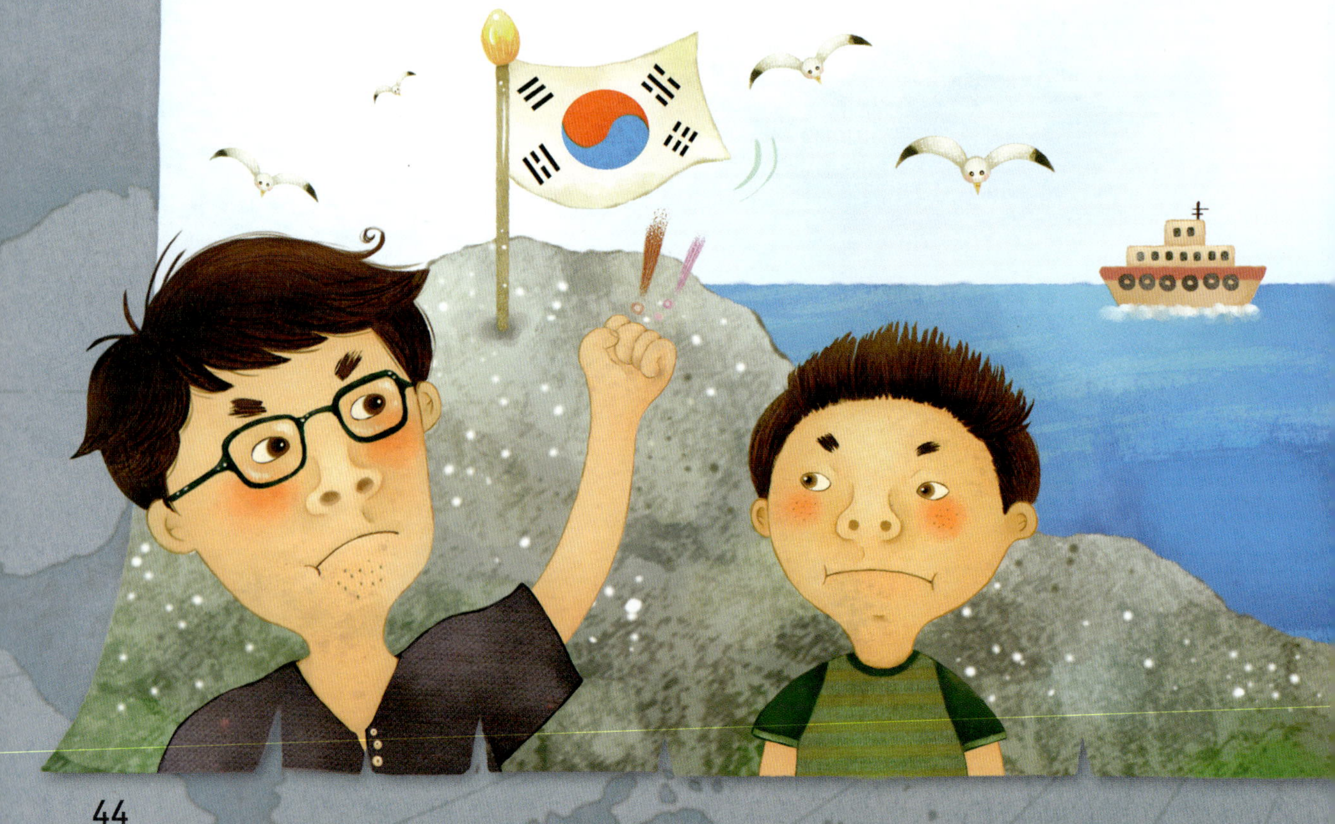

우리 땅으로 생각하고 관리를 보내 다스리게 했답니다.

조선 시대에 만들어진 『세종실록지리지』에는 울릉도와 독도에 관한 내용이 기록되어 있어요. 『세종실록지리지』뿐만 아니라 수많은 우리나라 기록에는 독도가 우리나라 땅이라고 적혀 있지요.

옛 지도만 봐도 독도가 우리 땅이라는 점은 명확히 알 수 있어요. 1530년에 만들어진 '팔도총도'에는 울릉도와 독도가 우리 땅이라고 명확히 그려져 있어요. 또한 1845~1846년에 만들어진 '조선전도'를 비롯 1500년부터 현재까지 우리 지도에 독도는 우리 땅으로 그려져 있지요.

심지어 일본에서 만들어진 옛 지도에도 독도는 조선 땅으로 표시되어 있답니다. 1785년에 일본의 하야시 시헤이가 만든 지도 '삼국접양지도'만 보아도 그렇지요. '삼국접양지도'의 특징은 나라마다 색깔이 다르게 칠해져 있는데 우리나라는 노란색으로 칠해져 있어요. 그런데 이 지도에는 울릉도와 독도도 노란색으로 그려져 있답니다. 즉, 독도가 우리나라 땅임을 보여 주는 것이지요.

1845~1846년 우리나라 김대건 신부가 그린 '조선전도'

인물 엑스 파일을 보다!

"어때? 옛날 지도들을 보니 신기하지?"

삼촌이 보여 준 옛날 지도들은 신기하면서도 재미있었어요. 삼촌은 내가 생각했던 것보다 훨씬 더 지도에 대해서 잘 알고 있었지요.

나는 삼촌의 보물 지도를 다시 유심히 살펴봤어요. 처음엔 이게 보물 지도라는 게 믿기지 않았지만, 옛날 지도와 비교해 보니 꽤나 그럴듯한 지도였어요.

"이제 이 지도를 보고 보물을 찾으면 되는 거예요?"

"그럼! 하하하!"

삼촌은 크게 웃었어요.

"보물을 찾기 전에 먼저 목욕을 좀 해야겠는걸? 언제 씻었는지 기억도

나지 않네. 온몸이 근질근질 가려워. 보물을 찾으려면 몸과 마음을 깨끗하게 해야지!"

삼촌은 몸을 긁적거렸어요.

"샤워만 하지 말고 머리도 꼭 감아요."

"모자를 쓰면 되니까 머리는 감지 않아도 되지 않을까……? 머리 감은 지 일주일도 안 되었단 말이야."

"뭐라고요?"

나는 소리를 버럭 질렀어요.

"알았어, 알았다고. 머리도 감으면 될 거 아니야! 어휴, 귀찮아."

삼촌은 방을 나가려다가 책꽂이에서 노트 한 권을 빼서 내게 던져 주었어요.

"내가 씻는 동안 이거나 읽고 있어. 재미있을 거야."

노트에는 '지도와 관련된 인물 엑스 파일'이라고 적혀 있었어요. 제목부터 뭔가 수상쩍으면서 흥미를 끌었지요.

왠지 대단한 비밀이 숨어 있을 것 같았어요. 잘 알려져 있지 않거나 밝혀지지 않은 일들을 정리한 것을 엑스 파일이라고 하잖아요.

나는 삼촌의 노트를 펼쳐 보았어요.

첫 번째 파일

서양 지도의 아버지 **프톨레마이오스**

이름 프톨레마이오스

살았던 시대 100년 정도에 태어나 170년 정도에 죽었을 것으로 추측되어요.

업적

프톨레마이오스는 수학, 천문학, 지리학 등 다양한 분야의 책을 펴냈어요. 그중에서도 서기 150년경에 쓴 『지리학입문』은 최고의 책으로 꼽혀요. 이 책에 있는 세계 지도를 보면 그때 유럽 사람들에게 알려진 세계의 범위를 알 수 있지요.

프톨레마이오스는 지구 표면에 바둑판 모양의 선을 그렸어요. 이렇게 지구에 선을 그린 것은 각 장소의 위치를 쉽게 확인하기 위해서였지요.

그런데 프톨레마이오스의 세계 지도는 동서의 길이가 남북의 길이보다 너무 길고, 유럽 지역을 제외한 다른 지역은 정확하게 그려져 있지 않아요. 중국은 있지만 우리나라는 나타나 있지 않지요.

놀라운 사실

　과학보다는 기독교에 대한 믿음이 더 강했던 유럽에서 과학적으로 그려진 프톨레마이오스의 지도는 큰 관심을 끌지 못했어요. 프톨레마이오스의 지도가 다시 주목을 받게 된 것은 유럽이 기독교적 세계관에서 벗어나기 시작한 1400년대부터였지요.

　프톨레마이오스의 지도를 통해 유럽 사람들은 세계를 과학적으로 보기 시작했답니다. 이 시기에 프톨레마이오스의 지도와 책들은 엄청난 인기를 얻었다고 해요.

두 번째 파일

아메리카 대륙을 발견한 **콜럼버스**

이름 콜럼버스

콜럼버스의 전체 이름은 '크리스토퍼 콜럼버스'예요. 그런데 이 이름은 영어식 표기지요. 콜럼버스는 이탈리아 사람이므로 이탈리아어로 '크리스토포로 콜롬보'라고 하는 것이 맞아요.

살았던 시대 1451~1506년

업적

콜럼버스가 살았던 당시 유럽 사람들은 인도를 비롯한 아시아에 관심이 매우 많았어요. 아시아에는 매우 진귀한 물품이 많았거든요. 특히 인도의 향신료는 인기가 많아, 많은 사람들이 인도로 가고 싶어 했어요.

하지만 유럽에서 인도로 가는 길은 이슬람 세력이 막고 있었어요. 유럽과 이슬람은 오랫동안 전쟁을 벌였기 때문에 육지를 통해서는 인도에 가기 어려웠지요.

어느 날, 콜럼버스는 1,400여 년 전에 그려진 프톨레마이오스 지도를 봤어요. 그 지도를 본 콜럼버스는 기발한 생각을 했지요.

"아프리카를 돌아가는 것은 너무 멀고 힘들어. 지구는 둥그니까 서쪽으로 계속 가면 인도에 도착할 수 있을 거야."

두 번째 파일

　당시 포르투갈에서 살고 있었던 콜럼버스는 포르투갈 왕에게 자신의 항해 계획을 말하며 도와 달라고 하였지만 거절당했어요. 그러자 콜럼버스는 여러 나라 왕들을 설득하였고, 결국 에스파냐 여왕의 도움을 받아 항해를 떠날 수 있었답니다.
　1492년, 콜럼버스는 드디어 항해를 떠났어요. 하지만 금방 도착할 줄 알았던 인도는 두 달이 넘도록 나타나지 않았지요. 그러다 콜럼버스가 항해를 시작한 지 71일 만인 1492년 10월 12일, 드디어 육지가 나타났어요.
　"드디어 인도에 도착했다. 내 생각이 맞았어!"
　콜럼버스는 인도에 도착했다고 생각했고, 죽을 때까지 그곳이 인도라고 믿었어요. 하지만 그곳이 인도가 아닌 아메리카 대륙이었다는 것은 나중에 밝혀졌어요.
　어쨌든 콜럼버스는 유럽에서 아메리카 대륙에 처음으로 도착한 사람이 되었어요. 아메리카 대륙이 발견되면서 세계 지도에 아메리카 대륙이 그려졌지요. 따라서 콜럼버스는 지도 발전에도 큰 공을 세운 셈이랍니다.

놀라운 사실

콜럼버스는 잘못된 지도 덕분에 아메리카 대륙을 발견할 수 있었어요. 프톨레마이오스 지도는 지금으로부터 2,000여 년 전에 만들어졌기 때문에 잘못된 점이 많았지요. 지구의 크기는 실제보다 훨씬 작게 측정되어 있고, 아메리카 대륙도 빠져 있었어요.

이 지도를 본 콜럼버스는 서쪽으로 항해를 하는 것이 아프리카를 돌아서 인도로 가는 것보다 쉽고 빠를 것이라고 생각했어요. 하지만 이것은 엄청난 착각이었지요. 유럽에서 서쪽으로 항해해서 인도에 가기 위해서는 아메리카 대륙을 거쳐 태평양을 건너가야 해요. 거의 지구를 한 바퀴 돌아야 하는 셈이지요. 만약 당시에 정확한 지도가 있었다면 콜럼버스는 이런 계획을 세우지도 않았겠죠?

드디어 발견했다!

세계 지도의 기준을 만든 **메르카토르**

이름 메르카토르

살았던 시대 1512~1594년

업적

메르카토르는 기독교에 대한 믿음이 깊어 평생 동안 많은 신학* 논문을 남겼어요. 하지만 그의 가장 큰 업적은 지도에 있어요. 메르카토르는 25살부터 지도를 만들었지요.

메르카토르가 만든 지도 중에서 가장 뛰어난 것은 '메르카토르 세계 지도'예요. 메르카토르는 어떻게 하면 둥근 지도를 한 군데도 빠짐없이 모두 종이 위에 그릴 수 있을까 고민했어요. 그러다 극지방을 비롯한 모든 지역을 적도*와 같은 길이로 늘렸지요. 지구는 적도 지방의 둘레가 가장 길고, 북극이나 남극으로 갈수록 둘레가 짧은데 말이에요. 그래서 메르카토르 세계 지도는 극지방에 가까운 지역일수록 실제보다 훨씬 크게 그려졌지요. 하지만 메르카토르 세계 지도는

★ **신학** 신과 인간이 맺고 있는 관계와 신을 연구하는 학문
★ **적도** 지구의 남북 양극으로부터 같은 거리에 있는 지구 표면에서의 점을 이은 선

세계를 한눈에 가장 편하게 볼 수 있는 지도예요. 이 때문에 메르카토르 도법은 지금도 세계 지도에 쓰이고 있지요.

아리송한 사실

여러 지도를 모아 놓은 책을 흔히 '아틀라스'라고 불러요. 아틀라스는 그리스·로마 신화에 나오는 거인 신이에요. 제우스에 맞서 싸우다 진 뒤 그 벌로 하늘을 떠받치는 벌을 받게 되지요. 지도와 상관없는 아틀라스가 지도책을 의미하는 말이 된 것은 메르카토르 때문이에요. 메르카토르는 자신이 만든 지도책에 아틀라스라는 이름을 붙였고, 이때부터 지도책을 아틀라스라고 부르게 된 거거든요. 그런데 왜 메르카토르가 지도책의 상징으로 아틀라스를 선택했는지는 아직도 밝혀지지 않았답니다.

〈루몰드가 그린 세계 지도〉

내 아들 루몰드도 메르카토르 도법으로 지도를 그렸지.

네 번째 파일

조선 최고의 지리학자 김정호

이름 김정호

살았던 시대 언제 태어나고 죽었는지 정확하게 알려져 있지 않아요. 1800~1866년경에 살았을 것으로 추측하고 있지요.

나라 조선(지금의 대한민국)

업적

　김정호는 조선 최고의 지리학자였어요. 김정호가 만든 지도 중에서 대표적인 지도는 대동여지도예요. 대동여지도는 조선 시대 지도 중에서 가장 정밀하고 완성도 높은 지도지요.

　조선 침략을 준비하던 일본은 1898년 처음 지도 기술자들을 보낸 뒤, 조선 지도를 그리게 했어요. 엄청난 돈과 기술을 투자해서 마침내 조선의 지도를 만들어 냈지요. 그런데 얼마 뒤 일본은 조선의 지도 하나를 발견하고는 깜짝 놀랐어요. 수백 명의 일본 전문가들이 최신 기술을 동원해 만든 지도보다 정교한 지도가 50년 전에 이미 조선에서 만들어졌던 것이지요. 더 놀라운 점은 대동여지도를 김정호라는 사람이 혼자 만들었다는 것이었지요. 대동여지도는 현재도 세계적으로 그 우수성을 인정받고 있어요.

김정호는 대동여지도 말고도 여러 가지 지도를 만들었어요. '청구도'는 1834년에 김정호가 처음으로 만든 전국 지도예요. 청구도는 그때까지 있었던 지도 중에서 가장 정밀하고 정확한 지도였지요.

'동여도'는 23권의 책으로 된 지도로, 10리마다 점을 찍는 등 대동여지도와 비슷한 방식으로 만들어진 지도예요. 차이점은 동여도는 직접 손으로 그린 지도고, 대동여지도는 목판에 새겨 찍어 내는 지도라는 것이지요.

김정호는 지역에 관한 정보를 적은 지리책인 지리지를 만드는 일에도 힘썼어요. 『동여도지』, 『여도비지』, 『대동지지』 등은 김정호가 만든 지리지예요. 여기에는 방대한 지리 정보들이 담겨 있지요.

네 번째 파일

화나는 사실

일본은 우리나라를 빼앗은 뒤 김정호의 이야기를 지어내서 우리 교과서에 실었어요. 하지만 사실과 다른 점이 많았지요.

그 교과서에는 '김정호가 대동여지도를 흥선 대원군*에게 바쳤으나, 흥선 대원군은 함부로 이런 것을 만들어서 나라의 비밀을 팔아먹을 수도 있지 않느냐며 화를 냈다. 그리고 김정호를 역적*이라는 누명을 씌워 감옥에 가두고, 대동여지도도 불태워 버렸다. 김정호는 억울하게 감옥에 갇혀서 죽었다.'라고 적혀 있어요.

하지만 위의 이야기는 사실이 아니에요. 김정호가 만든 지도와 지리책은 지금도 남아 있거든요. 또 김정호의 지도 제작을 도왔던 최한기, 신헌 등은 나라의 관리였는데, 이들은 처벌을 받지 않았어요. 만약 김정호가 역적으로 몰려 죽었다면 이들도 처벌을 받아야 했겠지요? 이런 점만 봐도 김정호가 감옥에서 죽었고, 대동여지도는 불탔다는 것은 거짓이라는 것을 알 수 있지요.

일본은 왜 이런 이야기를 지어낸 걸까요? 그건 '김정호 같이 뛰어난 사람을 죽인 조선은 형편없는 나라다. 일본이 조선을 다스리는 것은 당연하다.'란 생각을 심어 주기 위해서였다고 해요.

★ **흥선 대원군** 조선 시대 정치가. 이름은 이하응, 고종 임금의 아버지
★ **역적** 자기 나라나 민족, 통치자를 배반한 사람

지도와 관련된 인물

서양 지도의 아버지 프톨레마이오스

- 프톨레마이오스는 지구 표면에 바둑판 모양의 선을 그려서 세계 지도를 만듦
- 기독교 신앙이 강했던 유럽에서는 프톨레마이오스의 지도는 큰 관심을 끌지 못했으나, 1400년대부터 다시 주목을 받기 시작함

아메리카 대륙을 발견한 콜럼버스

- 콜럼버스는 프톨레마이오스의 지도를 보고 서쪽으로 항해해서 인도로 갈 생각을 함
- 콜럼버스는 아메리카 대륙에 도착했지만 죽을 때까지 그곳이 인도인 줄 앎
- 콜럼버스의 항해 이후 유럽의 지도에는 아메리카 대륙이 그려짐
- 콜럼버스는 잘못된 지도 덕분에 아메리카 대륙을 발견함

세계 지도의 기준을 만든 메르카토르

- 메르카토르는 적도에 비해 둘레가 짧은 극지방을 적도와 같은 크기로 늘려 지도를 만듦
- 메르카토르 세계 지도는 둥근 공 모양의 지구를 한눈에 볼 수 있는 편리한 지도임
- 지도책을 아틀라스라고 부르기 시작한 것은 메르카토르 때문임

조선 최고의 지리학자 김정호

- 김정호는 청구도, 동여도, 대동여지도 등 다양한 지도를 만듦
- 청구도는 그때까지 만들어진 지도 중에서 가장 정밀하고 정확한 지도이고, 동여도는 10리마다 점을 찍는 등 대동여지도와 비슷한 방식으로 만들어진 지도임
- 김정호는 『동여도지』, 『여도비지』 등 여러 권의 지리책을 남김
- 일본은 우리나라를 지배할 때 김정호에 대한 잘못된 정보를 교과서에 실음

한반도가 그려진 세계 지도를 만든 외국인
– 마테오 리치 (1552~1610)

이탈리아 출신의 마테오 리치는 중국에 최초로 천주교를 전한 서양 신부였어요. 1583년부터 1610년까지 중국에서 천주교를 전하였지요. 그가 쓴 『천주실의』는 중국뿐만 아니라 우리나라에도 천주교가 전파되는 데 큰 역할을 했답니다.

마테오 리치는 서양의 지도 발전에도 공헌을 했어요. 중국, 일본, 우리나라 등 동아시아의 지리 정보를 서양에 전해 주어 좀 더 정확한 세계 지도를 그릴 수 있도록 했지요. 특히 잘못 알려졌던 우리나라의 지리 정보를 바로 알린 사람이 마테오 리치였어요.

당시까지만 해도 유럽의 지도에는 동아시아 지역이 제대로 표시되지 않았어요. 일본은 섬나라로 그려졌지만 실제와 많이 다른 모양이었지요. 우리나라는 1500년대까지 서양 지도에는 나타나지도 않았고요. 500여 년 전만 해도 서양 사람들에게 우리나라는 이 세상에 없는 나라였던 거지요. 우리나라가 서양 지도에 처음 나타난 것은 1500년대 후반이었답니다. 하지만 당시 서양 지도는 우리나라를 섬나라로 그렸지요.

> 일본 위쪽에 또 하나의 섬나라가 있다. 그 섬나라는 '꼬레'라고 불리는데 이 섬에 대해서는 지금까지 알려진 것이 거의 없다.

1595년 네덜란드에서 만들어진 지도책에는 우리나라를 이렇게 설명하고 있어요.

마테오 리치는 우리나라에 대한 잘못된 정보를 고친 사람이에요. 그는 중국에서 오랫동안 생활하면서 중국과 그 주변에 있는 나라들에 대한 많은 정보를 얻었지요. 서양에 섬나라라고 알려진 조선이 섬이 아니라 반도*라는 것도 알게 되었고요.

마테오 리치는 새롭게 안 동아시아의 지리 정보를 바탕으로 1602년에 '곤여 만국 전도'라는 세계 지도를 그렸어요. 곤여 만국 전도에는 조선이 섬나라가 아니라 반도로 그려졌답니다. 조선이 반도의 모양으로 그려진 최초의 서양 지도이지요.

⭐ **반도** 삼면이 바다로 둘러싸이고 한 면은 육지에 이어진 땅

4 지도는 나라의 보물이다?!

사회 지도의 다양한 역할

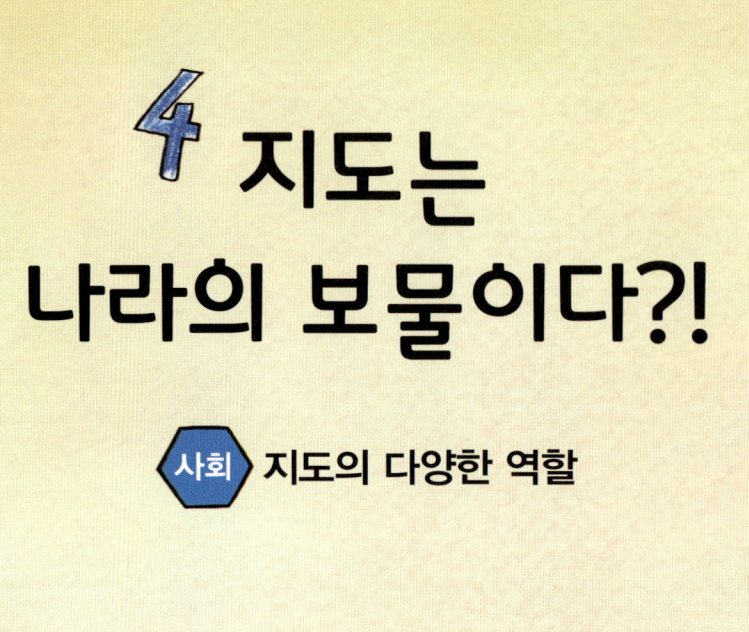

지도가 세상을 변화시켰다고?

삼촌의 노트에는 네 사람 말고도 여러 사람들의 이야기들이 적혀 있었어요. 편리한 지도를 만들기 위해서 먼 옛날부터 수많은 사람들이 엄청난 노력을 했다는 것을 새삼 느낄 수 있었지요.

내가 노트를 거의 다 읽었을 무렵 삼촌이 수건을 걸치고 들어왔어요.

"시원하다! 씻고 나면 이렇게 개운한데 난 그동안 왜 씻지 않은 거지?"

씻고 난 삼촌은 전혀 다른 사람처럼 보였어요. 덥수룩하던 수염까지 말끔하게 깎으니 나름 잘생겨 보이기까지 했지요. 삼촌의 설명과 노트를 보고 나서 그런지 똑똑해 보이기도 했고요.

"어때? 재미있지? 이건 어디에서도 가르쳐 주지 않을 거야. 나니까 이런 것도 가르쳐 주는 거라고."

삼촌은 으스대며 말했어요.

"그런데 삼촌 궁금한 게 있어요. 사람들은 왜 지도를 그리려고 이렇게 노력을 한 거지요? 지도가 일상생활에서 널리 쓰이는 것은 알겠어요. 사람들의 생활을 편리하게 하기 위해서 많은 사람들이 지도를 그린 건가요?"

내 질문을 듣고 삼촌은 환하게 웃으며 말했어요.

"그런 훌륭한 질문을 하다니……. 넌 역시 내 조카야! 지도는 단순히 일상생활을 편리하게 하기 위해 만든 것만은 아니야. 지도는 정치, 경제, 군사 등 여러 분야에서 큰 역할을 했지. 엄청난 돈을 벌게 해 주기도 했고, 지도 때문에 지배하는 나라와 지배를 받는 나라가 생겨나기도 했어."

나는 삼촌의 말이 쉽게 이해가 되지 않았어요.

"지도 때문에 엄청난 돈을 벌었다는 것은 지도를 팔아서 돈을 벌었다는 뜻이에요? 예전에는 지도가 아주 비쌌나 보네요."

나는 고개를 갸우뚱거리며 물었어요.

"하하하. 물론 지도를 팔아서 돈을 번 사람들도 있겠지. 하지만 그런 뜻이 아니야. 지도는 그것보다 훨씬 더 중요한 역할을 했거든."

삼촌은 열심히 설명을 했지만 역시 무슨 말인지 알아들을 수 없었어요.

"지도는 세계 역사를 변화시킨 중요한 도구였어. 자, 그 이야기를 들어 볼래?"

지도가 가져다준 엄청난 이익
- 지도와 경제

재미있는 문제를 풀어 볼까요? 빈칸에 들어갈 알맞은 말이 무엇인지 생각해 보아요.

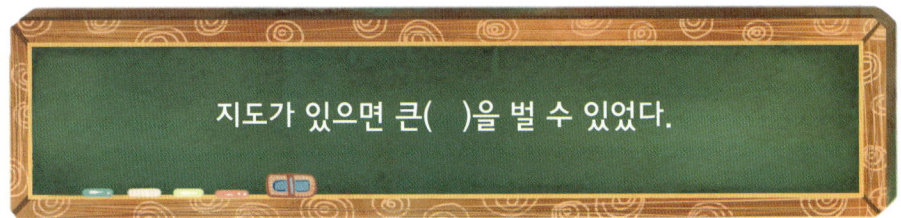

지도가 있으면 큰 (　) 을 벌 수 있었다.

앞에서 콜럼버스가 에스파냐 여왕의 도움을 받아 항해를 했다고 배웠지요. 그런데 왜 에스파냐 여왕은 많은 돈을 들여 콜럼버스의 항해를 도와준 것일까요? 그건 인도의 향신료를 얻기 위해서였지요. 하지만 단순히 향신료를 갖기 위해서였을까요?

더 정확한 목적은 향신료를 팔아서 돈을 많이 벌기 위한 것이었어요. 당시 유럽에는 음식의 맛과 향을 좋게 하는 인도의 향신료가 매우 비싼 값에 팔리고 있었거든요.

콜럼버스는 끝내 인도를 찾지 못했지만, 1498년 포르투갈의 바스코 다 가마가 아프리카를 빙 돌아서 인도에 도착했어요. 덕분에 포르투갈은 인도에서 향신료를 가져올 수 있었고, 이를 유럽에 팔아 엄청나게 큰 이득을 얻었지요.

　인도로 가는 바닷길 지도를 가지고 있었던 포르투갈은 경제적으로 크게 발전했어요. 그 뒤를 이어 네덜란드에서도 많은 지리학자들이 정교한 지도들을 만들었고, 이를 통해 네덜란드는 17세기 세계 무역의 중심지가 되었지요. 네덜란드뿐만 아니라 유럽 여러 나라들이 많은 돈을 벌기 위해 지도를 만드는 일에 뛰어들었고, 새로운 바닷길을 개척해 나가기 시작했답니다.

　나라의 경제를 발전시키는 데 큰 역할을 한 지도의 힘, 정말 놀랍지 않나요?

정답 : 돈

나라를 다스리는 데 중요한 역할을 한 지도
– 지도와 군사·행정

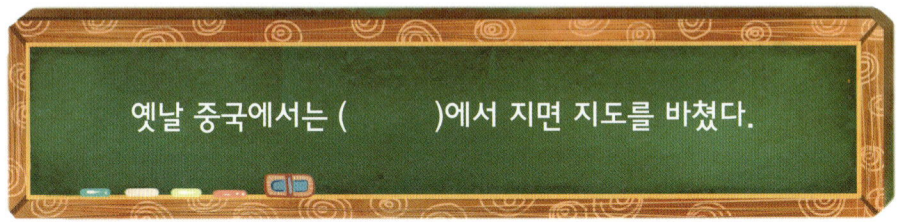

옛날 중국에서는 여러 개의 작은 나라로 나뉘져 서로 싸우는 시대가 있었어요. 이때 전쟁에서 진 나라는 이긴 나라에 지도를 바쳤어요. 지도를 바친다는 의미는 단순히 그림이 그려진 종이를 바치는 것이 아니었지요. 그것은 "우리는 전쟁에서 졌으므로 우리의 땅을 바치고 명령에 복종하겠습니다."라는 의미였답니다.

지도에는 지형이 어떠한지뿐만이 아니라, 어디가 방어하기 쉬운지 등 군사적으로 중요한 정보가 들어 있었거든요. 지도를 바친다는 것은 나라의 모든 것을 바친다는 뜻이었어요.

지도는 나라를 다스리는 데 있어서도 중요한 역할을 했어요. 대부분의 나라에서는 지도와 그 지역에 대한 설명을 담은 지리책을 함께 만들었지요.

우리나라 조선 시대에도 임금들은 지도와 지리책을 만드는 데 매우 힘썼어요. 지도와 지리책에는 그곳에 사는 사람이 얼마나 되는지,

그곳에서 생산되는 물건은 무엇인지 적혀 있었지요. 그래서 지도는 세금을 얼마만큼 거두는지를 결정하는 데에도 이용되었답니다.

또 지도에 여러 가지 국가 행정에 대한 필수적인 정보를 담았어요. 지도에 각 고을의 산과 강의 경로, 이웃 고을과의 경계 등을 담아서 전체적인 고을의 모습, 면적 등을 파악할 수 있게 했지요. 행정 구역★을 바꿀 때마다 지도를 기본 자료로 활용했다고 해요.

이처럼 지도에는 한 나라에 대한 군사, 행정적으로 유용한 정보가 가득 들어 있기 때문에 지도를 국가 기밀★로 하는 경우도 많았지요.

★ **행정 구역** 행정 기관의 권한이 미치는 범위의 일정한 구역
★ **기밀** 외부에 드러나서는 안 될 중요한 비밀

정답 : 전쟁

다른 나라를 빼앗는 데 이용되었던 지도
– 지도와 침략

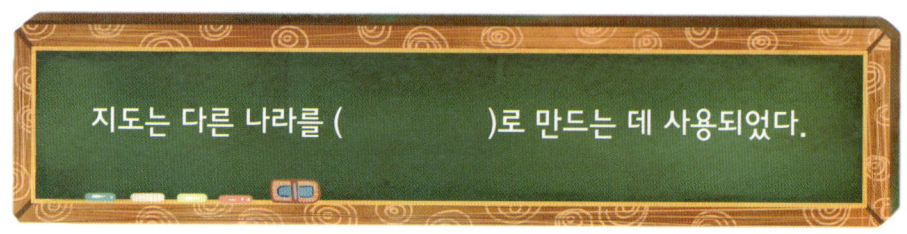

지도는 다른 나라를 (　　　　)로 만드는 데 사용되었다.

15세기만 하더라도 영국은 유럽에서 큰 힘을 가지지 못했어요. 일찍부터 지도를 가지고 아시아·아메리카로 간 포르투갈, 에스파냐, 네덜란드가 유럽의 강자였지요.

17세기 중반, 뒤늦게 인도에 간 영국은 인도에서 자라는 목화라는 특별한 작물을 발견했어요. 당시 유럽 사람들은 양털로 만든 두꺼운 옷을 주로 입었는데, 목화로 만든 옷은 양털로 만든 옷보다 훨씬 얇고 가벼웠지요. 영국은 이 목화를 유럽으로 가져가 옷을 만들었어요. 목화로 만든 옷은 폭발적인 인기를 끌었답니다.

인도에서 들여온 목화로 큰돈을 벌게 된 영국은 본격적으로 인도에서 목화를 빼앗아 올 계획을 세웠어요.

이때 가장 필요한 것이 인도 전체를 자세히 그린 지도였지요. 목화를 비롯한 돈이 되는 작물이 어느 곳에서 많이 자라는지 알아야 했으니까 말이에요.

영국은 인도 지도를 더욱 정밀하게 그리는 작업을 시작했어요. 지도가 완성되면서 영국은 더 많은 인도의 목화를 손쉽게 빼앗아 올 수 있었지요.

더 나가서 영국은 인도를 자신들의 식민지*로 만들었어요. 앞에서 지도에 군사적으로 유용한 정보가 담겨 있다는 사실을 배웠죠? 영국은 지도를 통해서 지리를 파악한 뒤 어느 길을 통해서 군대를 이동시킬지 알 수 있었으니 지도가 나라를 빼앗는 데 큰 역할을 했던 거예요.

이처럼 지도는 강대국이 다른 나라를 침략해 식민지로 만드는 강력한 무기로 쓰였답니다.

★ **식민지** 정치, 경제적으로 다른 나라의 지배를 받는 나라

정답 : 식민지

지도는 세계를 이해하는 사람들의 생각을 담고 있다
– 지도와 세계관

천하도는 조선 후기 사람들의 (　　　)이 담긴 지도이다.

옛날 지도는 사실적이기보다는 그 시대 사람들이 세계를 이해하는 세계관이 담겨 있는 경우가 많았어요.

그 대표적인 것이 바로 '천하도'지요. 천하도는 조선 시대에 만들어진 지도예요.

천하도를 한번 볼까요? 천하도는 매우 독특한 지도예요. 바깥쪽 둥근 원은 하늘이에요. 그리고 그 안에 네모난 땅이 있지요. 이것은 하늘은 둥글고 땅은 네모라고 생각한 전통적인 사상을 표현한 것이에요.

지도 가운데는 중국이 있고 우리나라 조선은 그 옆에 조그맣게 붙어 있어요. 이것은 세계의 중심이 중국이라고 생각했던 당시 사람들의 생각이 담긴 거지요.

천하도에는 중국, 조선, 일본 등과 같은 실제로 있는 나라들이 나오지만 그 외 대부분은 상상 속의 나라들이에요. 눈이 하나만 있는

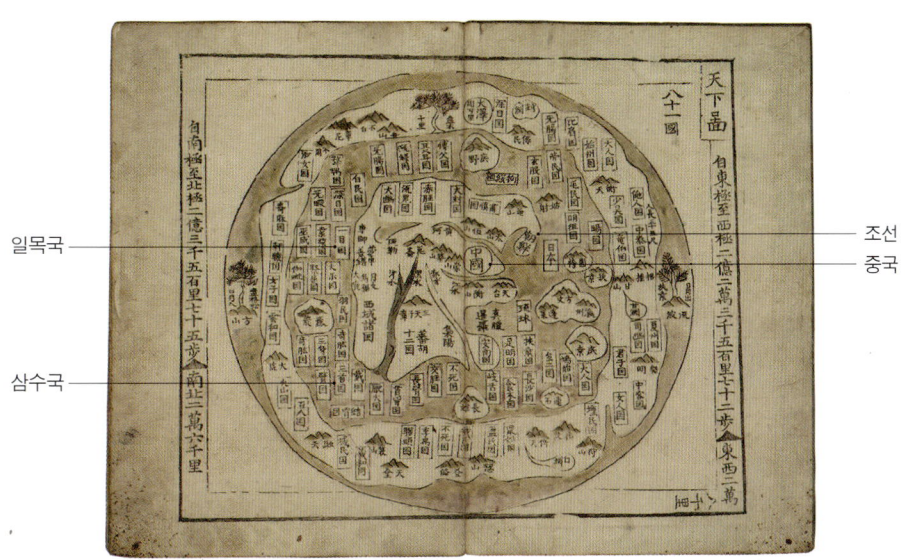

사람들이 사는 일목국, 머리가 셋인 사람들이 사는 삼수국 등 수많은 상상의 나라들이 적혀 있어요. 그 이유는 당시 조선의 상황 때문이에요.

1600년대부터 조선에 서양의 기술과 문화들이 들어오기 시작했어요. 그중에는 서양의 지도도 포함되어 있었지요. 서양의 지도를 본 조선 사람들은 놀랄 수밖에 없었어요. 중국이 세계의 중심인 줄 알았는데 서양이 가져온 세계 지도에는 중국보다 훨씬 큰 땅들이 많았거든요. 또한 세상에는 자신들이 알지 못했던 많은 나라들이 있다는 것도 알았고요. 천하도에 나타나는 상상의 나라들은 세상에는 알지 못하는 많은 나라들이 있다는 것을 표현하려는 뜻일 거예요. 하지만 여전히 중국이 세계의 중심이라는 생각은 버리지 못했지요.

정답 : 세계관

지도의 여러 가지 역할

지도와 경제

- 유럽은 무역을 하기 위해 아시아로 가는 바닷길을 찾음
- 에스파냐 여왕이 콜럼버스의 항해를 도와준 것은 인도로 가는 길을 찾아 경제 발전을 하기 위해서였음
- 인도로 가는 바닷길을 기록한 지도는 포르투갈에 많은 이득을 가져다줌
- 네덜란드를 비롯하여 유럽의 많은 나라들이 돈을 벌기 위해서 지도를 만듦

지도의 군사·행정

- 옛날 중국에서 전쟁에 진 나라는 이긴 나라에 지도를 바침
- 지도에는 지형이 어떠한지를 알 수 있을 뿐 아니라 어디에 군사들이 있는지 등의 군사적으로 중요한 정보가 들어 있었기 때문임
- 조선 시대 임금들은 지도와 지리책을 만드는 데 매우 힘씀
- 지도와 지리책에는 그곳에 사는 사람의 인구·생산되는 물건 등의 정보가 있었고, 이는 나라를 다스리는 데 중요한 역할을 함

지도와 침략

- 영국은 인도의 목화를 손쉽게 빼앗아 오기 위해 인도 지도를 만듦
- 인도 지도를 만든 영국은 목화를 손쉽게 빼앗았을 뿐만 아니라, 인도를 식민지로 만드는 데 지도를 이용함
- 지도는 여러 강대국이 다른 나라를 침략해 식민지로 만드는 데 강력한 무기로 쓰임

지도와 세계관

- 조선 시대의 천하도는 당시 사람들이 세상을 바라보는 관점과 사상이 담겨 있음
- 천하도는 하늘은 둥글고 땅은 네모 모양이라는 사상과 중국이 세계의 중심이라는 생각을 담고 있음
- 천하도에는 상상의 나라들이 적혀 있는데, 이는 당시 조선 사람들이 세상에는 자신들이 알지 못하는 많은 나라가 있다는 것을 표현하기 위한 것이었음

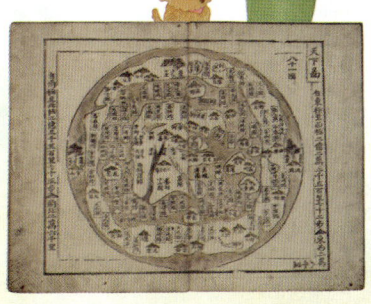

거꾸로 뒤집어진 세계 지도

1979년 오스트레일리아의 스튜어트 맥아더라는 사람이 세계 지도 하나를 만들었어요. 맥아더의 세계 지도를 본 사람들은 모두들 고개를 갸우뚱거렸지요. 맥아더의 세계 지도는 일반적인 세계 지도와는 다른 낯선 모양이었어요.

"지도를 뒤집어 놓은 거 아냐?"

맥아더의 세계 지도는 일반적인 세계 지도를 뒤집어 놓은 모양이었어요. 이것은 실수가 아니었어요. 맥아더는 일부러 남쪽을 위로 잡아 지도를 그린 것이었지요. 지도 모양은 뒤집혀 있었지만 나라 이름 등은 모두 똑바로 적혀 있었거든요.

우리는 흔히 북쪽을 위쪽이라 생각하고 남쪽을 아래라고 생각해요. 하지만 당연하다고 생각되는 이 상식은 사실이 아니에요. 우주에 떠 있는 둥근 지구는 위아래가 있을 수 없어요. 그동안 항상 북반구를 위에 그린 이유는 남반구보다 북반구에 더 많은 나라가 있기 때문이래요. 그 때문에 남쪽에 있는 오스트레일리아는 언제나 아래에 그려졌지요.

맥아더가 이러한 지도를 그리게 된 계기는 일본 유학 생활에서였어요. 일본에서 지내는 동안 맥아더는 주변 학생들로부터 "오스트레

일리아는 세계 밑바닥에 있다."는 놀림을 받았다고 해요.

그 뒤 오스트레일리아로 돌아온 맥아더는 1979년 오스트레일리아가 세계의 꼭대기에 있는 '맥아더 수정본 세계 지도'를 발표하며 이렇게 말했어요.

"이 지도의 목적은 세계에서 오스트레일리아를 드러내기 위해서이다. 이제 적도 아래 지방이 위로 올라갈 것이다."

맥아더가 그린 세계 지도는 보는 눈에 따라 세계가 달리 보인다는 사실을 보여 주고 있어요. 세계는 달라진 것이 없지만, 세계를 보는 관점이 다르기 때문에 세계가 달리 보이는 것이지요.

보물 지도의 위치를 찾는 법

삼촌의 설명을 들으며 정말 내가 아는 삼촌이 맞나 하는 생각이 들었어요. 그동안 봐 왔던 삼촌과는 다르게 모든 부분을 무척 잘 알고 설명도 잘해 주었으니까요.

"그럼 이제 저 지도에 표시된 보물을 찾으러 가 볼까?"

삼촌은 보물 지도를 보며 큰소리쳤어요.

"이 지도를 보고 어떻게 보물을 찾을 수 있어요? 그 주변을 다 뒤져야 하는 거예요?"

"우리 동네를 다 돌기도 힘든데 어떻게 다 돌아다녀? 그건 말도 안 되지."

"그럼 어떻게 보물을 찾아요? 저 지도만 봐서는 잘 모르겠는데……."

"이 지도에는 암호가 숨어 있단다. 그 암호를 풀어내면 보물이 있는 위치를 정확히 알 수 있어. 이미 내가 그 암호들을 다 풀었으니 걱정 말고 따라오기나 해!"

삼촌은 자신 있게 말했어요. 하지만 나는 아무리 지도를 들여다봐도 그 암호라는 게 무엇인지 알 수 없었지요.

"글쎄 아무것도 없는 것 같은데…… 그 암호가 뭐예요?"

"시간도 없는데 그것까지 설명해 주어야 하나?"

삼촌은 짜증 섞인 목소리로 시계를 들여다보았어요.

"좋아. 설명해 줄 테니 잘 들어! 지도에는 정해진 약속들이 있어. 누구든 지도를 보고 길을 찾아가야 하기 때문에 지도는 마음대로 그리는 것이 아니라 미리 정해진 약속대로 그려야 하지. 그 약속에는 방위, 기호, 축척, 등고선 등이 있단다."

"삼촌 그게 다 뭐예요? 너무 어려워요."

"후후. 이제부터 지도와 함께 내 설명을 잘 들어. 보물이 있는 위치를 아는 것은 금방이라고!"

삼촌은 자신만만한 표정으로 나를 보았어요. 흠, 나는 조금 의심쩍지만 삼촌을 믿어 보기로 하고, 귀를 기울였지요.

정확한 위치를 찾아라! – 위도와 경도

세계 지도나 지구본을 보면 가로세로로 바둑판 모양의 선이 그어져 있어요. 그리고 그 선에는 숫자가 적혀 있지요. 그 숫자가 바로 위도와 경도를 나타내는 거예요.

위도는 지구를 가로로 나누는 선이에요. 적도와 평행하게 그려져 있지요. 적도를 기준인 0°로 하여, 북쪽(북위)과 남쪽(남위)으로 각각 90°씩 나뉘지요. 위도를 보면 북쪽으로 얼마나 올라가 있는지, 남쪽으로 얼마나 내려가 있는지 알 수 있어요.

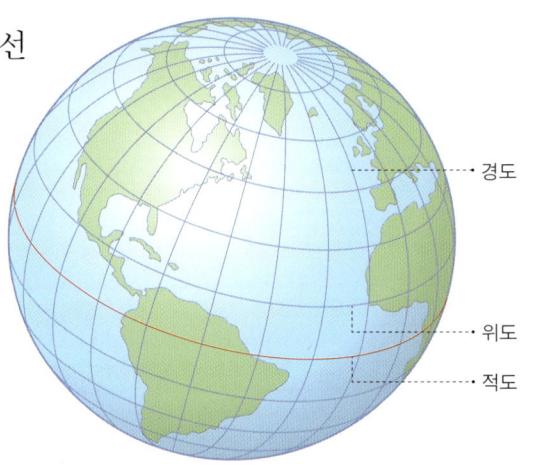

경도는 지구를 세로로 나누는 선이에요. 영국의 그리니치 천문대★를 중심으로 동서를 각각 180°로 나누지요.

위도와 경도는 '동경 126도, 북위 38도'와 같은 방식으로 표시해요. 이 말은 그리니치 천문대로부터 동쪽으로 126도, 적도 북쪽으로 38도인 곳이라는 뜻이에요.

★ **그리니치 천문대** 영국 그리니치에 있는 천문대. 1675년 천문 · 항해술을 연구하기 위하여 세워짐

좌표를 이용한 위치 찾기

지도에 이렇게 가로세로 선을 긋는 이유는 위치를 쉽게 찾기 위해서예요. 다음을 볼까요?

 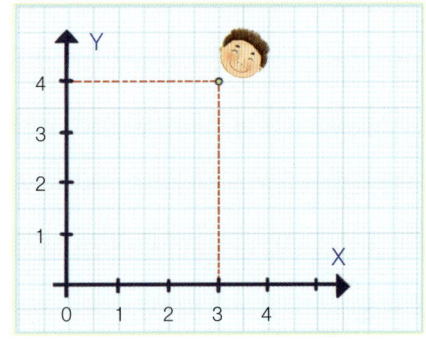

왼쪽 교실 그림은 현우의 교실 모습이에요. 현우가 앉아 있는 자리를 어떻게 설명할 수 있을까요? 뒤쪽 부근이라고 하면 정확한 자리를 알 수 없지요. "현우의 자리는 3분단 네 번째 줄이야." 이렇게 하면 쉽게 현우의 자리를 찾을 수 있어요.

오른쪽 그림은 현우의 자리를 모눈 위에 나타낸 것이에요. 이렇게 평면에서 점의 위치를 나타내는 것을 수학에서는 좌표라고 해요.★ 그럼 현우의 위치는 어떻게 표현할까요?

현우는 X축의 3번 선에 있고, Y축의 4번 선에 있어요. 따라서 현우의 위치는 (3,4)라고 쓴답니다. 좌표를 수로 나타낼 때는 가로 위치를 먼저 쓰고 세로 위치를 뒤에 써요.

★ 직선, 공간에서 점의 위치를 나타낸 것도 좌표라고 한다.

지도를 보고 실제 거리를 알아내라! – 축척

우리 집에서 보물이 있는 곳까지의 거리는 얼마나 될까요? 축척을 이용하면 거리를 알 수 있어요.

지도를 실제보다 얼마나 줄여서 그렸는지를 나타내는 것이 바로 축척이에요.

보물 지도에서는 축척이 1:10,000,000라고 쓰여 있네요. 지도의 1센티미터 거리가 실제 거리로는 10,000,000센티미터(100킬로미터)라는 이야기예요.

대상 지역의 크기, 지도의 이용 목적 등에 따라서 축척은 다르게 정해져요. 지도는 축소된 비율에 따라 대축척 지도와 소축척 지도로 나뉘지요. 대축척 지도는 축소된 비율이 작은 지도로 마을 지도처럼

좁은 지역을 자세하게 나타낸 지도예요. 소축척 지도는 축소된 비율이 큰 지도로, 넓은 지역을 간략하게 나타낸 우리나라 전도나 세계 지도 등이 포함되지요.

실제 거리를 구하는 법

실제 거리를 계산하기 위해서는 먼저 지도의 축척을 알아야 해요.

이 지도의 축척은 1:5,000이에요. 이 지도의 1센티미터는 실제 5,000센티미터(50미터)인 거지요.

그럼 지하철역 출구에서 우리 집까지의 실제 거리를 계산할 수 있겠죠? 자로 재 보니, 지도상의 거리로 5번 출구에서 우리 집까지는 5센티미터네요. 그렇다면 5번 출구에서 우리 집까지의 실제 거리는 5×5,000=25,000센티미터, 곧 250미터이지요.

동쪽? 서쪽? 방향을 찾아라! – 방위

위치와 거리를 알았다면 그다음으로 풀어야 할 암호는 방위예요. 실제 거리를 알더라도 어느 쪽으로 가야 하는지 모르면 그 위치를 찾을 수 없으니까 말이에요.

방위란 동쪽, 서쪽, 남쪽, 북쪽 등의 방향을 말해요. 방위를 모르면 지도를 봐도 길을 찾을 수 없지요. 동쪽으로 가야 하는데 서쪽이나 북쪽으로 갈 수도 있으니까 말이에요.

지도 위쪽에 보면 숫자 4처럼 생긴 기호가 있죠? 이 기호가 바로 동서남북을 알려 주는 방위 기호예요.

4자가 옆으로 누워 있거나 거꾸로 된 지도들도 있어요. 그 이유는 4자의 맨 꼭대기가 북쪽을 가리키기 때문이지요. 그리고 별 모양의 방위 기호를 쓰기도 해요. 별 모양의 방위 기호는 N이라는 표시가 있는 곳이 북쪽이에요.

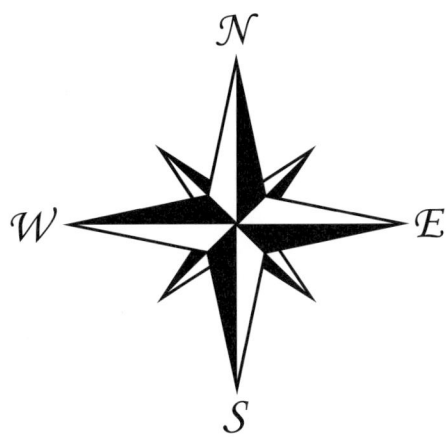

그런데 간혹 방위 기호가 없는 지도들도 있어요. 그렇다고 당황할 필요는 없답니다. 별다른 방위 표시가 없는 지도들은 위쪽이 북쪽이라고 보면 돼요. 보통 위쪽을 북쪽으로 그리는 것이 원칙이기 때문에 별도의 방위 표시를 하지 않은 거지요. 방위 기호가 없으면 위쪽이 북쪽, 아래쪽이 남쪽, 오른쪽이 동쪽, 왼쪽이 서쪽이라는 점 기억해요!

그곳이 얼마나 높은지 알아내라! – 등고선

지도를 자세히 보면 보물이 있는 곳 근처에 구불구불한 선들이 나이테처럼 여러 개의 원을 그리고 있어요. 이 구불구불한 선들은 무엇일까요?

이 선들은 등고선이에요. 등고선은 높이가 같은 지점을 연결하여 땅의 높낮이를 알려 주는 선이에요.

우리가 사는 땅은 평평하지 않아요. 높은 산도 있고, 낮은 평야 지역도 있지요. 그런데 지도는 평평한 종이에 그려요. 그러다 보니 어디가 높은 곳인지, 어디가 낮은 곳인지 잘 알 수 없었지요. 그래서 지도에 땅의 높낮이를 표시하기 위해 만들어진 것이 바로 등고선이랍니다.

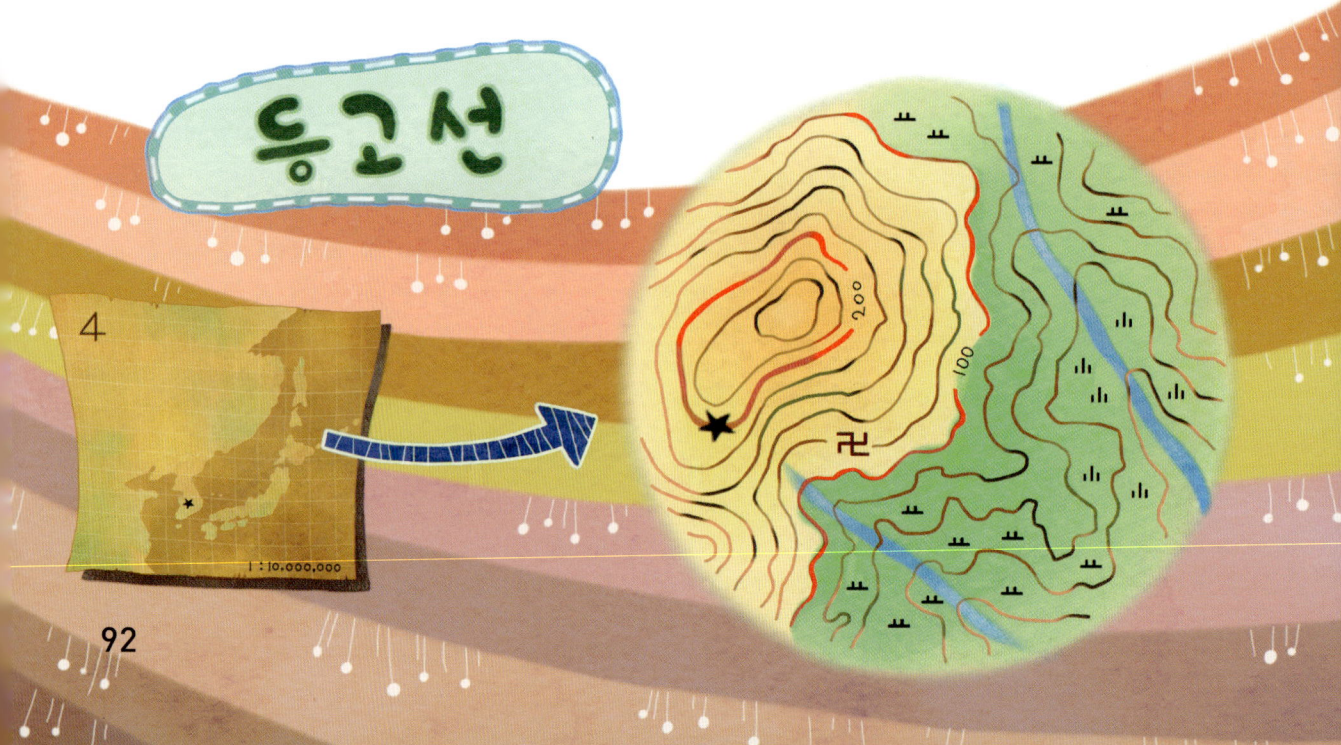

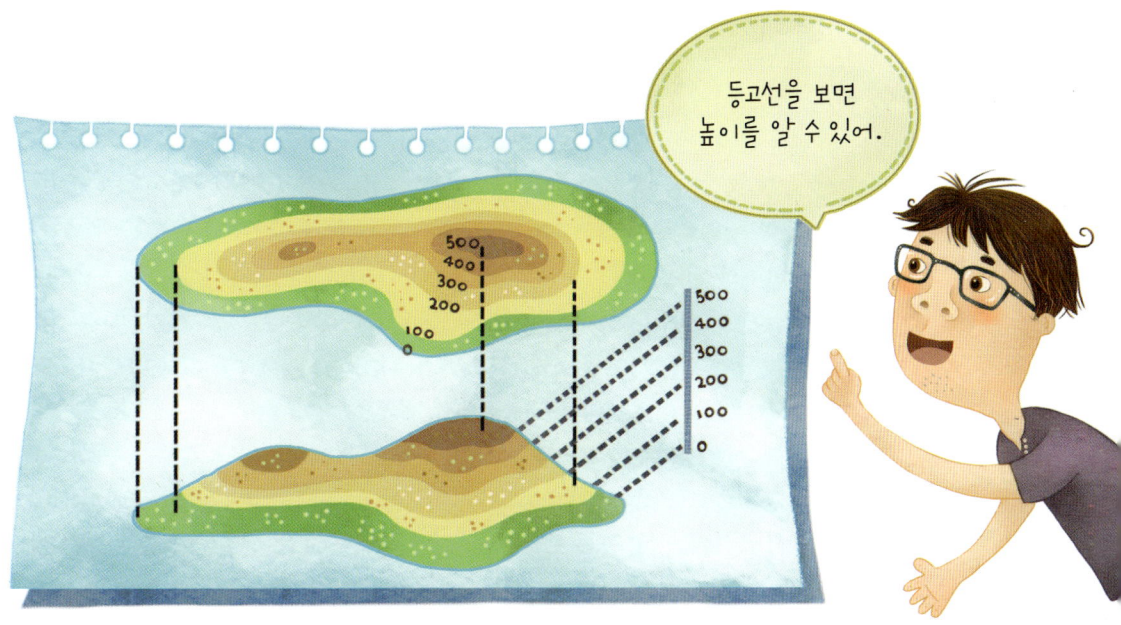

등고선을 보면 보물이 얼마나 높은 곳에 있는지 알 수 있어요. 등고선에는 높이를 표시하는 숫자가 있거든요.

보물이 있는 곳을 지나는 등고선에 200이라고 표시되어 있지요? 보물이 있는 곳은 높이가 200미터라는 뜻이에요.

등고선의 간격이 좁을수록 경사가 급하고, 간격이 넓을수록 완만하며 등고선의 바깥에서 안쪽으로 들어갈수록 높이가 높아진답니다.

★ 색깔로 높낮이를 알 수 있다?!

등고선의 색깔을 보고도 땅의 높낮이를 알 수 있어요. 지도에 사용되는 색깔에도 약속이 정해져 있거든요. 낮고 평평한 땅에는 녹색, 조금 높은 곳은 노란색, 더 높은 곳은 갈색으로 색칠을 해요. 높은 곳일수록 갈색의 색깔은 점점 진해지지요.

색깔은 등고선처럼 땅의 높이를 정확하게 알려 주지는 않지만 한눈에 땅의 높낮이를 알 수 있게 해 주지요.

지도 안의 암호

위도와 경도

- **위도** : 지구를 가로로 나누는 선. 적도를 기준인 0°로 하여, 남북을 각각 90°로 나눔
- **경도** : 지구를 세로로 나누는 선. 영국의 그리니치 천문대를 중심으로 동서를 각각 180°로 나눔
- 경도와 위도를 나눈 이유는 위치를 쉽게 찾기 위해서임

축척

- **축척** : 실제 거리를 얼마만큼 줄여서 그렸는가 하는 비율을 나타내는 것
- **대축척 지도** : 축소된 비율이 작은 지도로 마을 지도처럼 좁은 지역을 자세하게 나타낸 지도
- **소축척 지도** : 축소된 비율이 큰 지도로 넓은 지역을 간략하게 나타낸 우리나라 전도나 세계 지도 등이 포함됨
- 축척을 알면 지도를 보고 실제 거리를 계산할 수 있음

방위

- **방위** : 동서남북의 방향을 나타내는 것
- 방위는 4, 별과 같은 기호로 나타냄
- 지도에 방위 기호가 없으면 지도의 위쪽이 북쪽임

등고선

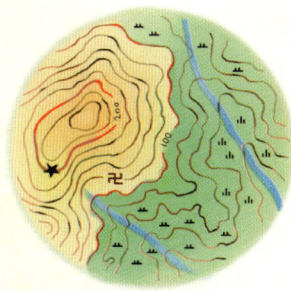

- **등고선** : 높이가 같은 지점을 연결하여 땅의 높낮이를 알려 주는 선
- 등고선의 간격이 좁을수록 경사가 급하고, 간격이 넓을수록 완만함
- 등고선의 바깥에서 안쪽으로 들어갈수록 높이가 높아짐
- 색깔로도 땅의 높낮이를 알 수 있음. 낮고 평평한 땅은 녹색, 조금 높은 곳은 노란색, 더 높은 곳은 갈색으로 표시됨

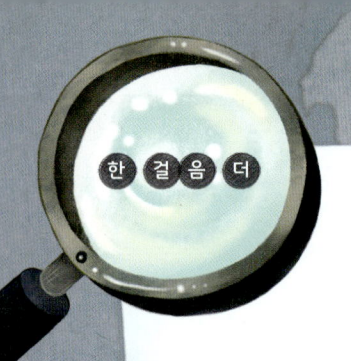

선 하나만 넘어가면 순식간에 어제로!

"으악! 오늘이 시험인데 공부를 하나도 못 했네. 시간이 하루만 더 있었으면…… 어제로 돌아가고 싶어!"

누구나 이런 생각을 해 본 적 있을 거예요. 여기, 순식간에 어제로 돌아갈 수 있는 곳이 있답니다.

남태평양에 있는 나라 피지의 타베우니 섬에는 특별한 선이 있어요. 이 선을 넘으면 같은 섬인데도 순식간에 날짜가 바뀌어 버리지요.

예를 들어 오늘이 3월 10일이에요. 그런데 폴짝 뛰어 선을 넘기만 하면 3월 9일이 되어 버려요. 다시 선을 넘어오면 원래대로 3월 10일

어제로 돌아갈 수 있다고?

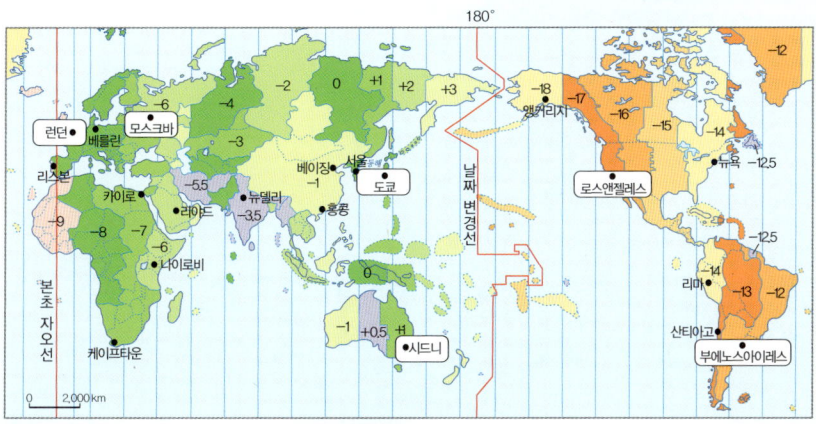

*각 나라 위에 표시된 숫자는 우리나라(대한민국)와의 시간 차이이다.

이 되고요. 타베우니 섬에 가면 하루에도 몇 번씩 어제와 오늘을 왔다 갔다 할 수 있어요. 어떻게 이런 일이 가능하냐고요?

타베우니 섬에 있는 그 선이 바로 날짜 변경선이기 때문이에요. 날짜 변경선이란 말 그대로 날짜를 바꾸는 기준이 되는 선이에요. 이 선을 기준으로 서쪽으로 가면 하루가 더해지고, 동쪽으로 가면 하루가 늦어지지요.

날짜 변경선은 경도 180°를 지나는 선이에요. 그런데 똑바로 그려져 있지 않고 삐뚤삐뚤 그려져 있지요.

그 이유는 땅을 피해서 날짜 변경선을 그었기 때문이에요. 만약 날짜 변경선이 땅으로 지나가면 양쪽 동네가 서로 날짜가 달라져 3월 10일에 만나자는 약속을 잡기도 어렵잖아요. 그런데 예외적으로 피지의 타베우니 섬은 육지에서 유일하게 날짜 변경선이 지나는 곳이랍니다.

6 지도의 모든 것이 이곳에!

체험 지도 박물관

보물 상자를 찾다!

나는 삼촌이 지도의 암호를 하나하나 풀어내는 것이 신기했어요. 암호를 하나씩 풀어내니 정확한 위치가 나왔지요.

"좋아! 보물을 찾으러 출발!"

우리는 마침내 보물 지도가 있는 곳에 도착했어요.

삼촌과 나는 보물 표시가 그려진 바위 밑을 파 보았어요. 그 밑에는 정말 보물 상자가 있었어요. 삼촌은 조심스럽게 보물 상자를 열었어요.

"이게 뭐야?"

보물 상자 안에는 웬 종이 한 장이 들어 있었어요.

휴가는 잘 보내고 있나? 자네라면 내가 준 지도를 보고 보물을 찾으러 올 것이라고 믿었지.

사실 그건 보물 지도가 아니라네. 휴가 기간에 집에만 있을 것이 뻔한 자네를 위해서 내가 장난을 좀 친 거야. 실망했겠군.

그렇다면 내가 좋은 소식을 알려 주지. 자네가 이번에 최우수 직원으로 뽑혔네. 휴가 마치고 돌아오면 표창도 받을 거고, 승진도 하게 될 거야. 어때? 이 정도면 보물이라고 할 수 있지?

으악! 이건 삼촌 직장 상사가 꾸민 장난이었어요.

"우아! 내가 승진을 한대!"

삼촌은 환하게 웃으면 환호성을 질렀어요.

"그래도 넌 실망이 크겠구나. 진짜 보물이 아니라서 말이야. 대신 내가 다니는 직장 견학시켜 줄게."

"견학이요? 삼촌이 다니는 직장이 어딘데요?"

"넌 내가 어디 다니는지도 몰라? 지도 박물관이 바로 내 직장이잖아. 지도에 관한 모든 것이 전시되어 있는 지도 박물관. 구경해 보면 정말 재미있을 거야. 말 나온 김에 지금 갈까?"

지도 박물관의 첫 전시관, 커다란 지구본이 있는 중앙홀

지도 박물관은 국토 지리 정보원에서 운영하고 있는 박물관이에요. 국토 지리 정보원은 우리나라의 지도 제작에 관한 모든 일을 처리하는 정부 기관이지요.

지도 박물관에서는 지도에 관련된 정보들을 한눈에 쉽게 볼 수 있답니다. 지도의 역사, 지도 제작 과정, 지도 제작 장비 등을 보여 주지요. 지도 박물관은 크게 중앙홀, 역사관, 현대관, 야외 전시장으로 이루어져 있어요.

지도 박물관에 들어서면 처음 만나는 곳이 중앙홀이에요. 중앙홀에서 가장 먼저 눈에 띄는 것이 가운데 있는 커다란 지구본이지요. 지름이 2미터나 되는 지구본은 지도 박물관의 상징물 중 하나랍니다.

지구본 위에는 무궁화 위성 모형이 떠 있어요. 무궁화 위성은 방송, 통신 등을 위해 쏘아 올린 우리나라의 위성이에요.

중앙홀에서 눈에 띄는 것은 커다란 우리나라 지도 '국토 사랑'이에요. 자세히 보면 지도에는 1센티미터 정도의 작은 한글 글씨들이 빼곡히 수놓아져 있지요. 우리의 국토를 사랑하고 보존해서 후손에게 잘 물려주자는 의미가 담겨져 있는 작품이랍니다.

옛날 지도 보며 역사를 배우자! 역사관

역사관에서는 지도가 어떻게 변화하고 발전해 왔는지를 알 수 있어요. 다양한 옛날 지도들, 그리고 세계 지도의 발달 과정을 쉽게 이해할 수 있도록 여러 자료들이 전시되어 있지요.

먼저 이곳에서는 옛날 우리나라의 지도들을 볼 수 있어요. 앞에서 배운 혼일강리역대국도지도, 천하도, 대동여지도 등 뛰어난 역사 속 지도들을 모아 놓았지요.

그런데 나라의 전체 모습을 그린 것만이 지도가 아니잖아요? 도별도와 도성도 같은 지도도 있답니다. 도별도는 조선 시대의 각 도를

삼촌이 가르쳐 준 혼일강리역대국도 지도다!

한 장씩 자세하게 그린 지도예요. 도성도는 수도의 성곽 안쪽을 그린 지도랍니다. 한양을 둘러싼 튼튼한 성곽 안에 궁궐, 관청 등이 자세하게 그려져 있지요.

이 밖에 특수 지도와 관방 지도가 있답니다. 특수 지도는 특수한 목적을 위해 제작된 지도로서 관광지를 알리는 관광 지도, 관청을 알리는 관아도, 하늘의 별자리를 그린 천문도 등이 있지요.

관방 지도는 군사적 목적으로 만들어진 지도예요. 국경과 군사 시설 등이 지도에 그려져 있지요. 옛날 지도도 종류가 참 많지요?

천문도

관방 지도

⭐ 서양의 옛날 지도

역사관에는 우리나라뿐만 아니라 서양의 옛날 지도도 전시되어 있어요. 옛날에는 상상의 세계나 종교적인 생각을 표현한 지도가 많았어요. 그러다 탐험을 하면서 넓은 세상에 대해 좀 더 자세히 알게 되고, 과학이 발전하면서 점점 정확한 지도가 만들어졌답니다. 손잡이를 잡아당기며 서양의 다양한 옛날 지도들을 구경해 보아요.

105

현대의 지도는 어떻게 만들까? 현대관

　현대관은 현대의 지도와 지도의 활용에 대해서 알 수 있는 전시관이에요.

　이곳에는 다양한 지구본들, 지도 제작 과정, 지도 제작에 필요한 기계들을 볼 수 있지요.

　옛날에는 길을 직접 다니거나 높은 곳에 올라 땅의 모양을 살핀 다음, 그 내용을 그림으로 옮기며 지도를 만들었어요. 하지만 과학과 기술이 발달한 오늘날에는 더 이상 이러한 방법으로 지도를 만들지 않지요.

　먼저 비행기나 인공위성으로 사진을 찍은 뒤 사진에 나타난 각 지역의 높낮이와 길이 등을 사람이 직접 땅 위를 다니며 측량해요.

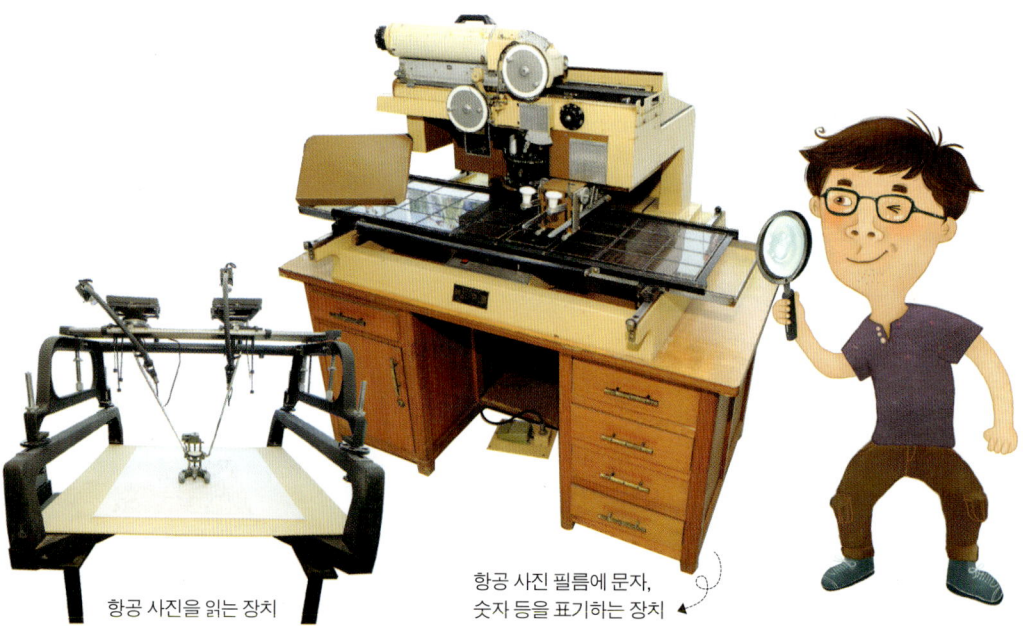

항공 사진을 읽는 장치

항공 사진 필름에 문자, 숫자 등을 표기하는 장치

지구본이 정말 많아!

　이 사진과 측량 자료로 밑그림을 그리며 지도를 그리지요. 여기에 마을, 건물 이름 등을 조사한 내용을 더하고요. 현대관에는 지도를 만드는 데 쓰이는 여러 기계들이 전시되어 있지요.

　또 이곳에서는 지도와 관련된 재미있는 놀이도 할 수 있어요. 지도에서 서로 다른 부분을 찾아내는 다른 그림 찾기, 조각난 지도 퍼즐을 맞추는 지도 퍼즐, 지도 그리기, 지도에 관한 퀴즈 풀기 등 다양한 게임을 즐길 수 있답니다.

　이번에는 세계의 여러 지구본들을 구경해 볼까요? 여러 나라에서 모은 것들인데 무려 160여 개나 된대요. 우아~ 지구본이 이렇게 다양하게 있다니 정말 놀라워요.

박물관 밖에도 전시관이?! 야외 전시장

박물관 안의 전시물을 다 관람했다고 집에 가서는 안 돼요. 박물관 건물 밖에 야외 전시장도 있거든요.

이곳에서 가장 먼저 눈에 띄는 것은 우리나라 역사에서 지도 제작에 큰 공을 세운 김정호의 동상이에요. 갓을 쓰고 등에는 지도를 한 가득 지고 있는 모습이군요. 아마도 김정호가 직접 지도를 그리기 위해 돌아다녔을 때 저런 모습이었겠죠?

야외 전시장에는 우리나라 경위도 원점이 있어요. 우리나라 경위도 원점은 우리나라 위치의 기준이 되는 점이에요. 우리나라의 경도와 위도를 나타낼 때 기준으로 삼는 점이지요.

좋은 지도 만들어 주셔서 감사합니다.

경위도 원점

이 경위도 원점의 위치 좌표는 동경 127°, 북위 37°예요.

또 이곳에는 지구가 끌어당기는 힘인 중력의 크기를 측정하는 중력 기준점, 지구가 가진 자석의 성질을 측정하는 지자기점 등 다양한 표준 점들이 있지요.

지도 박물관
위치 경기도 수원시 영통구 월드컵로 92
관람 시간 오전 10시~오후 5시(1월 1일, 설 연휴, 추석 연휴는 휴관)
전화 031-210-2667
홈페이지 ngii.go.kr/map/main.do

지도 박물관의 전시품들

지도 박물관

- 지도 박물관은 국토 지리 정보원에서 운영하고 있으며 지도 관련 정보를 전시한 박물관임
- 지도 박물관은 크게 중앙홀, 역사관, 현대관, 야외 전시장으로 이루어져 있음

중앙홀

- 커다란 지구본과 무궁화 위성 모형이 있음
- 우리나라 지도 '국토 사랑'은 우리의 국토를 사랑하고 보존해서 후손에게 잘 물려주자는 의미가 담긴 작품임

역사관

- 다양한 옛날 지도들을 통해서 지도의 역사, 세계 지도의 발달 과정을 쉽게 이해할 수 있음
- 혼일강리역대국도지도, 천하도, 대동여지도 등의 우리나라 옛날 지도가 전시되어 있음

- 그 밖에 조선 시대 각 도를 그린 도별도, 수도의 성곽 안쪽을 그린 도성도, 하늘의 별자리를 그린 천문도 등을 볼 수 있음

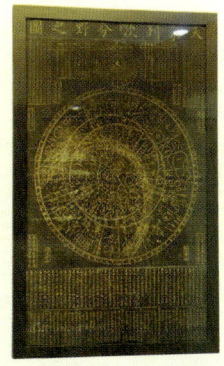

현대관

- 현대의 지도와 지도의 활용에 대해서 알 수 있음
- 다양한 지구본들, 지도 제작 과정, 지도 제작에 필요한 기기 등을 볼 수 있음
- 여러 가지 놀이를 통해서 지도와 지리에 대해서 재미있게 배울 수 있음

야외 전시장

- 야외 전시장에는 조선 시대 지도 제작에 큰 공을 세운 김정호의 동상, 우리나라 위치 기준이 되는 경위도 원점을 비롯한 여러 기준점이 있음

옛날 지도가 한가득, 경희대학교 혜정 박물관

지도에 관하여 다양한 정보를 모아 놓은 박물관이 또 있어요. 바로 경희대학교 혜정 박물관이지요. 혜정 박물관은 옛날 지도들을 모아 놓은 고지도 박물관이랍니다.

혜정 박물관은 경기도 용인시에 있는 경희대학교 국제 캠퍼스 중앙 도서관 4층에 있어요. 김혜정이라는 관장*님이 기증한 유물과 자료를 바탕으로 만들어진 박물관이라서 혜정 박물관이라는 이름이 붙었지요.

혜정 박물관은 여러 개의 전시실로 이루어져 있어요.

제1전시실은 '고지도의 세계'라는 주제로 지도의 역사와 다양한 고지도들을 전시하고 있어요.

제2전시실은 '고지도와 우리나라'라는 주제로 우리나라에서 만들어진 고지도와 외국의 고지도에 그려진 우리나라를 보여 주고 있지요.

★ **관장** 도서관, 박물관, 전시관 등의 최고 책임자

제3전시실은 '고지도를 통해 보는 우리 땅, 우리 바다'라는 주제로 고지도에 나타난 동해, 제주도, 울릉도와 독도 등에 관련된 유물을 전시하고 있답니다. 특별 전시실은 옛날 우리나라 영토 경계에 관한 지도와 책들을 보여 주고 있고요.

어린이 전시실은 '탐험의 시대'라는 주제로 지도 제작 과정과 옛날 탐험 시대에 무역을 위해 오갔던 바닷길, 사막 길 등을 체험할 수 있도록 만들어져 있어요. 방학 기간에는 어린이를 위한 특별 프로그램도 진행된다고 하니 참여해 보아요.

혜정 박물관
- 위치 : 경기도 용인시 기흥구 덕영대로 1732 경희대학교 국제 캠퍼스 중앙도서관 4층
- 관람 시간 : 오전 10시~오후4시 (주말 및 공휴일 휴관)
- 전화번호 : 031-201-2011~4
- 홈페이지 : oldmaps.khu.ac.kr

1 풍경화는 지도가 될 수 없다?!

1 빈칸에 들어갈 한자의 뜻과 음을 알맞게 쓰세요.

> 지도는 地(　　　　　) 圖(　　　　　) 자가 합쳐진 말이에요. 즉 땅을 그린 그림이라고 할 수 있지요.

2 다음 중 풍경화와 다른 지도의 특징을 모두 골라 보세요.

① 마을의 모습을 실제 보이는 대로 보여 줘요.
② 마을의 모습을 단순한 기호로 보여 줘요.
③ 가까이 있는 것은 크게, 멀리 있는 것은 작게 그려져 있어요.
④ 멀리 있는 집이나 길도 가까이 있는 것과 똑같은 크기로 그려져 있어요.
⑤ 큰 건물 뒤에 무엇이 있는지 보이지 않아요.

3 지도에 쓰이는 기호를 각각 알맞게 짝지어 보세요.

4 지도는 크게 일반도와 주제도로 나눌 수 있어요. 다음 〈보기〉에 나온 지도를 일반도와 주제도로 나누어 보세요.

보기

우리나라 전도   인구도   기후도   세계 지도   지하철 노선도

일반도 (   )

주제도 (   )

2 옛날 지도는 어떻게 생겼을까?

1 다음 중 잘못된 정보를 말한 사람은 누구인가요?

① 하나 : 아주 먼 옛날부터 사람들은 손가락이나 나뭇가지를 이용해 지도를 그리기 시작했다.
② 정혁 : 가장 오래된 세계 지도라고 알려진 것은 고대 바빌로니아 세계 지도이다.
③ 민정 : 기원전 600년경 만들어진 바빌로니아 세계 지도는 종이로 만들어졌다.

2 다음은 어떤 지도에 대한 설명인가요?

서양의 중세 시대를 대표하는 지도예요. 실제 세계를 그린 지도라기보다는 당시 사람들의 기독교적인 신앙을 담은 그림이라고 할 수 있어요. 이 지도의 중심에는 기독교의 성지인 예루살렘이 있고, 위쪽이 북쪽이 아니라 동쪽이에요.

① 메르카토르 세계 지도
② TO 지도
③ 바빌로니아 세계 지도

3 다음은 대동여지도에 대한 설명이에요. 맞는 것은 ○, 틀린 것은 × 하세요.

① 세로 7미터 가로 4미터 정도의 큰 지도이다. (   )

② 금속판에 새겨서 인쇄할 수 있도록 만들었다. (   )

③ 약 4킬로마다 눈금을 찍어 정확한 거리까지 표시했다. (   )

④ 두 장의 지도로 이루어져 있다. (   )

4 빈칸에 들어갈 나라를 〈보기〉에서 찾아 쓰세요.

혼일강리역대국도지도는 (   )과(와) 우리나라를 지나치게 크게 그렸어요. (   )을(를) 실제보다 크게 그려 중화적 세계관을 보여 주면서도 우리나라를 거의 대등하게 표현하여 우리 민족에 대한 자신감을 나타낸 것이지요.

보기

일본   중국   미국   러시아   인도

3 지도 발전에 도움을 준 영광의 인물들

1 프톨레마이오스가 자기소개를 하고 있어요. 다음 중 잘못된 부분을 찾아보세요.

① 나는 수학, 천문학, 점성술 등에 관심이 많아서 다양한 분야의 책들을 썼어요. ② 그중에서도 최고의 업적은 『지리학입문』을 쓴 것이라고 할 수 있지요. ③ 나는 지구 표면에 바둑판 모양의 선을 그려 각 장소의 위치를 쉽게 확인할 수 있게 했어요. ④ 중세 시대 기독교가 유럽을 지배하면서 나의 지도는 더 많은 사람들에게 알려졌고 유럽에 널리 퍼졌어요.

2 다음 신문 기사를 읽고, 빈칸에 공통으로 들어갈 인물을 쓰세요.

아메리카 대륙을 발견하다!

1492년 인도를 향해 항해를 떠난 (　　　　)가 아메리카 대륙을 발견하였다. (　　　　)는 1,400여 년 전에 그려진 프톨레마이오스 지도를 보고 서쪽으로 가면 인도에 도착할 수 있을 것이라고 생각하여 에스파냐 여왕의 도움을 받아 항해를 떠났다. 그러다가 항해를 시작한 지 71일 만에 아메리카 대륙에 도착한 것이다.

(　　　　　　　　　　)

3 지구의 북쪽에 위치한 섬 그린란드는 실제 남아메리카 대륙보다 작아요. 하지만 메르카토르 도법으로 그린 세계 지도에서는 그린란드가 남아메리카 대륙보다 크게 그려져 있지요. 그 이유는 무엇일까요? `서술형문항대비` ✓

4 다음은 김정호가 만든 지도에 대한 설명이에요. 알맞은 것을 〈보기〉에서 찾아 써넣으세요.

> 1834년에 김정호가 처음으로 만든 전국 지도다. 당시까지 있던 지도 중에서 가장 정밀하고 정확하게 만든 지도다.

보기

청구도   대동여지도   동여도   대동지지

5 다음 설명하는 사람은 누구일까요?

> 이탈리아 출신의 천주교 신부로 1583년부터 1610년까지 중국에서 천주교를 전하였다. 중국과 동아시아의 지리에도 관심을 가져 '곤여 만국 전도'라는 세계 지도를 그렸다.

4 지도는 나라의 보물이다?!

1 에스파냐는 많은 돈을 들여 콜럼버스의 항해를 도와주었어요. 그들은 콜럼버스가 인도로 향하는 바닷길을 찾기를 바랐지요. 그 이유는 무엇인가요?

① 에스파냐 국민들에게 인도의 목화가 매우 인기가 많았기 때문이다.
② 인도의 향신료를 팔아서 많은 돈을 벌고 싶어 했기 때문이다.
③ 에스파냐의 수도를 인도로 옮기려고 했기 때문이다.
④ 에스파냐 여왕이 인도로 여행을 가고 싶어 했기 때문이다.

2 다음 사실로부터 알 수 있는 정보는 무엇인가요?

> 우리나라 조선 시대의 임금들은 지도에 여러 가지 정보를 담았어요. 지도를 통해서 그곳에 사는 사람이 얼마나 되는지, 그곳에서 생산되는 물건은 무엇인지, 전체적인 고을의 모습 등을 파악할 수 있게 하였지요.

① 옛날에 지도는 교통을 편리하게 해 주었다.
② 지도는 왕이 나라를 다스리는 데 큰 역할을 하였다.
③ 지도를 이용하여 백성들은 큰돈을 벌 수 있었다.
④ 지도는 농사를 짓는 데 큰 도움이 되었다.

3 빈칸에 들어갈 말을 쓰세요.

17세기 영국은 인도의 지도를 정밀하게 그린 뒤 인도의 목화를 빼앗았다. 더 나아가 이 지도를 이용하여 인도를 자신들의 (   )로 만들었다.

4 다음에서 설명하는 지도를 고르세요.

- 조선 시대에 만들어진 지도이다.
- 지도 가운데 중국이 있고 조선은 그 옆에 조그맣게 붙어 있다.
- 눈이 하나만 있는 사람들이 사는 일목국 등 수많은 상상의 나라들이 적혀 있다. 이는 세상에 자신들이 알지 못하는 많은 나라들이 있다는 것을 표현한 것이다.

①
〈천하도〉

②
〈프톨레마이오스 세계 지도〉

③
〈조선전도〉

5 보물 지도에 숨어 있는 암호를 풀어라!

1 각 설명에 맞는 단어를 알맞게 이어 보세요.

① 위도 　　　　　　　　㉠ 지구를 가로로 나누는 선. 적도를 기준인 0°로 하여, 남북을 각각 90°로 나눈다.

② 경도 　　　　　　　　㉡ 지구를 세로로 나누는 선. 영국의 그리니치 천문대를 중심으로 동서를 각각 180°로 나눈다.

2 평면에서 점의 위치를 나타내는 것을 수학에서는 좌표라고 해요. 아래 그래프를 보고, 현우의 좌표를 써 보세요.

(　　　　　　　　)

3 아래 지도의 축척은 1:5,000이에요. 즉 이 지도의 1센티미터는 실제 5,000센티미터인 것이지요. 그럼 지하철역 출구에서 친구 집까지의 실제 거리는 얼마나 될까요?(자로 재어 보았더니, 지도상의 거리로 5번 출구에서 친구 집까지는 3센티미터예요.)

4 다음 설명에서 맞는 것은 ○, 틀린 것은 × 하세요.

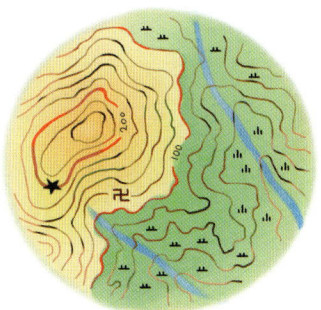

① 지도에 방위 기호가 표시되어 있지 않으면 위쪽을 남쪽이라고 보면 된다. (　　)

② 등고선의 간격이 좁을수록 경사가 급하고, 간격이 넓을수록 완만하다. (　　)

③ 낮고 평평한 곳에는 등고선의 색깔을 녹색으로 표현한다. (　　)

6 지도의 모든 것이 이곳에! - 지도 박물관

1 유미가 지도 박물관에 다녀온 뒤에 쓴 견학문이에요. 다음 중 틀린 것은 무엇인가요?

> 20××년 10월 10일
>
> 부모님과 함께 경기도 수원에 있는 지도 박물관에 다녀왔다. ① 지도 박물관은 국토 지리 정보원에서 운영하고 있는 박물관이다. ② 국토 지리 정보원은 우리나라의 지도 제작에 관한 모든 일을 처리하는 정부 기관이다. ③ 지도 박물관에 들어서면 처음에 중앙홀이 있는데, 중앙홀 가운데는 지름이 2미터나 되는 큰 지구본이 있다. ④ 지구본 위에는 우리별 위성 모형이 떠 있다. 이것은 방송, 통신 등을 위해 쏘아 올린 러시아의 위성이다.

2 다음에서 설명하는 지도는 무엇인가요?

> 조선 시대에 만들어진 지도이며, 각 도를 한 장씩 자세하게 그린 지도이다.

① 도별도 ② 도성도
③ 천문도 ④ 관아도

3 오늘날 지도를 만드는 방법이에요. 순서대로 써 보세요.

① 비행기나 인공위성으로 그 지역의 사진을 찍는다.
② 사진과 측량 자료로 지도의 밑그림을 그린다.
③ 사람이 직접 땅 위를 다니며 사진에 나타난 각 지역의 높낮이와 길이 등을 측량한다.

(   ) → (   ) → (   )

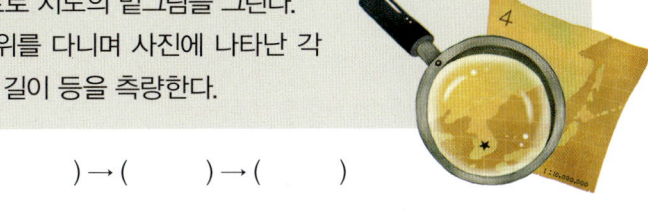

4 지도 박물관을 다녀온 뒤 체험 학습 보고서를 써 보세요.

날짜		이름		학년, 반	
장소	지도 박물관				
가는 방법					
체험 학습 내용	체험 학습 전 알았던 사실				
	체험 학습 뒤 알게 된 점				
느낀 점					
아쉬운 점					

알면 보물 모르면 고물, 지도 정답

❶ 풍경화는 지도가 될 수 없다?!

1. 땅 지, 그림 도
2. ②, ④
3. ①-②, ②-㉠, ③-㉡, ④-㉢
4. 일반도 : 우리나라 전도, 세계 지도
   주제도 : 인구도, 기후도, 지하철 노선도

❷ 옛날 지도는 어떻게 생겼을까?

1. ③. 바빌로니아 세계 지도는 점토판 위에 새겨졌다.
2. ②
3. ① ○ ② × ③ ○ ④ ×
4. 중국

❸ 지도 발전에 도움을 준 영광의 인물들

1. ④. 중세 시대 기독교가 유럽을 지배했을 때는 프톨레마이오스 지도는 주목받지 못하였다.
2. 콜럼버스
3. 둥근 지도를 평면에 그리기 위해서, 극지방을 비롯한 모든 지역을 적도와 같은 길이로 늘렸기 때문이다.
4. 청구도
5. 마테오 리치

❹ 지도는 나라의 보물이다?!

1. ②
2. ②
3. 식민지
4. ①

❺ 보물 지도에 숨어 있는 암호를 풀어라!

1. ①-㉠, ②-㉡
2. (3,4)
3. 5번 출구에서 친구 집까지 실제 거리는 3×5,000=15,000센티미터(150미터)이다.
4. ① × ② ○ ③ ○

❻ 지도의 모든 것이 이곳에! - 지도 박물관

1. ④. 중앙홀에는 무궁화 위성 모형이 있으며, 이것은 우리나라 위성이다.
2. ①
3. ① → ③ → ②

찾아보기

ㄱ
경도 ·· 86
경위도 원점 ································· 108
경희대학교 혜정 박물관 ········ 112
곤여 만국 전도 ··························· 65
관방 지도 ···································· 105
관아도 ··· 105
그리니치 천문대 ························ 86
기후도 ·· 21
김정호 ·· 58

ㄴ
날짜 변경선 ································· 97
내비게이션 ··································· 26

ㄷ
대동여지도 ························· 40, 58
도별도 ·· 104
도성도 ·· 105
등고선 ·· 92

ㅁ
마테오 리치 ································· 64
맥아더 수정본 세계 지도 ······· 81
메르카토르 ··························· 37, 56
무궁화 위성 ······························ 102

ㅂ
바빌로니아 ··································· 34
바빌로니아 세계 지도 ············· 35
바스코 다 가마 ·························· 70
방위 ··· 90

ㅅ
삼국접양지도 ······························ 45
식민지 ·· 74

ㅇ
아틀라스 ·· 57
위도 ··· 86
인구도 ·· 21
일반도 ·· 20

127

ㅈ

- 조선전도 ······················ 45
- 좌표 ···························· 87
- 주제도 ························· 20
- 지도 ····························· 15
- 지도 박물관 ················ 102
- 지리 정보 ···················· 18
- GPS ···························· 27

ㅊ

- 천문도 ························ 105
- 천하도 ························· 76
- 청구도 ························· 59
- 축척 ····························· 88

ㅋ

- 콜럼버스 ······················ 52

ㅌ

- TO 지도 ······················· 36

ㅍ

- 프톨레마이오스 ············ 50

ㅎ

- 혼일강리역대국도지도 ···· 38